Soy Esperanza:

El primer colección poética

por

Esperanza Habla

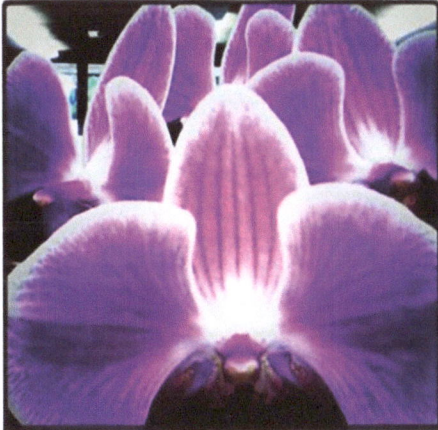

© 2016 La Luna Press, L.L.C.

Previamente registrado por:

Entre Ayer y Hoy: La obra poética colectiva creativo
por Esperanza Habla Volumen 1

Solo Yo: La obra poética colectiva creativo por
Esperanza Habla Volumen 2

ISBN: 978-0-9915104-4-3

Número de la Publicación de Biblioteca del Congreso:
2016931040

Diseño del portada del libro y todos las fotografías por
Esperanza Habla
Retrato del autor por Kristen Pugh Photography
El logo para La Luna Press por Adam Whitaker

Para las solicitudes de permiso, escribe al editor, en el
dirección abajo.

La Luna Press, L.L.C.
P.O. Box 533284
Indianapolis, IN
46253
USA

Gracias para comprar este libro.

Para más información,
visita nuestro sitio web:

www.lalunapress.com

La Luna Press

El Índice de Contenidos:

Una nota para mis lectores:

Empecé mi carrera literaria después de encontrar un amigo en un red social quien solo hablaba Español. Nos conocimos en línea, y empezamos una amistad de lejos través de la red social. Entendí rapidamente que él no hablaba Inglés, mi primera lengua. Así, que empecé a aprender Español. Aprendí a escribir poemas en Inglés y a traducirlos a Español al mismo tiempo, a compartirlos a mi amigo sudamericano.

Hace seis años desde escribí las poemas en este libro. En ese tiempo estaba nueva al lenguaje, y a la poesía. Los poemas en este libro son mis primeros escritos en absoluto, y en un lenguaje nuevo también.

Hasta entonces mis habilidades han crecido. Yo hablo con la gente en Español en mi trabajo que es en una biblioteca cada día y hablo a muchos amigos través las redes sociales.

Así que perdoneme si no escribí las poemas en una manera exacta, no correctamente en el lenguaje Español. Los poemas son de un momento en tiempo en que estuve aprendiendo a escribir, y traducir las poemas en Español.

Gracias para entender y comprender.

Gracias   29 de Marzo de 2010

* Escribí este poema para una persona que una vez conocí.
Ahora me dedico este poema a mis amigos.

Gracias .....
   ...Por recordarme de lo que yo ya saber...para llevar a cabo el
      espejo de mi cara, haciéndome ver lo que yo no sé no era
      viendo...para me hace ver el reflejo, a pesar de que no le
gustaba...por escucharme...para escuchar lo que estoy diciendo, y
   lo que no soy...para me siento lo suficientemente seguro como
para abrir mi corazón otra vez...por dejarme ser vulnerable...para
      siempre sabiendo lo que hay que decir...para hacerme
sentir...para la comprensión de mi...por ser dulce para mí...por tu
   talento, en todo lo que haces...por hacerme sentir asombro
      cuando pienso en ti...por tu sabiduría para el intelecto
   ...para tu humor...para tu poesía...para desarrollar tu pasión...por
   tu arte...por ser siempre capaz de hacerme reir...por dejarme
demostrar que el verdadero yo...para verme, el verdadero yo, y la
afición lo que ves...por ser tan fascinado conmigo como yo con
      que...para saber que yo existir...para compartir cosas
conmigo...por inspirarme a escribir de nuevo...para leyendo de
      este poema...por ser mi amigo.

Gracias.

Sensible   14 de Agosto, 2010

Merriam /Webster diccionario describe sensibles muchas cosas, incluyendo el ser **".... muy sensible o susceptible, fácilmente herido o dañado, o cambiar fácilmente afectados por diversos agentes ..."** Si hay una palabra que me describe, sensible sería.

Mi mente. Mi piel. Mi cara. Mi estómago. Mis pensamientos. Mis percepciones. Mis sentimientos. Mi corazón. Mis emociones. Mí. Soy sensible.

Tres Pequeñas Palabras   26 de Septiembre, 2010

Tres pequeñas palabras. Qué poder que tienen. Tres pequeñas palabras. No he oído antes. Bueno, los he oído antes....pero no dirigida a mí. No por alguien fuera de mi familia. No por alguien fuera de mi de la familia que realmente significa. El poder de las palabras. Se puede hacer sentir tan especial, tan aceptado, así entendida, por lo que le importaba, por lo que la validación. WOW. Pensar que alguien realmente piensa eso de mí...y que oigo estas Tres Pequeñas Palabras ...a menudo, cuando yo no había oído nada. WOW. Qué gran sensación. Todo lo que el cariño, la compasión, la amistad en Tres Pequeñas Palabras.

Deseo Que   2010

Deseo que estar en un trabajo mejor remunerado.

Deseo que mi vida eran diferentes-en el buen sentido.

Deseo que ser tan amable, generosa y solidaria de mí como yo a los demás.

Deseo que poder mirar en el espejo y me ve.

Deseo que poder ver el valor de mi talento, y todas las contribuciones que hacen al mundo.

Deseo que mi ala no se rompió.

Deseo que no se sentía la soledad. Deseo que no se enferman de mí mismo.

Deseo que el amor me encontrará.

Deseo que que me doy mi mismo un descanso. Deseo que me doy mi mismo la preocupación y el respeto que los demás no me dan. Deseo que no era tan sensible-dentro y por fuera.

Deseo que me sentí cómodo en confiar mis sentimientos y emociones. Deseo que quitarme la máscara.

Deseo que me decía: **"Eres lo suficiente."**

Deseo que poder decirte lo que realmente quiere decir. Deseo que ser alguien más. Por tan sólo un día.

Deseo que pudiera ser-mi.

Estoy Cansada   15 de Agosto, 2010

Estoy cansada:
.. .de tratando de vivir hasta las expectativas de los demás...
de ser apreciados...de preocuparse por mis padres...
de preocuparse...de cáncer...de existir, no vive...de miedo de
dejar gobernar mi vida... actuando como nada está mal, sobre
todo cuando se es...de sólo llegar a casa a una gata...estar
solo...de no ser amado... de pensar nunca ser amado...de pensar
nunca será encontrar el amor...de pensar que me falta algo (si
nunca he queridoYo no puedo perder, ahora puedo)...de no tener
a nadie a hold me cierre y me dicen que todo va a ir bien...
de no tener a alguien para pasar tiempo con, hacer cosas con...
de no expresar mis sentimientos, aunque estoy aterrorizado
hacerlo so...del mundo no ver la real mí... de no dejar que el
mundo vea el mí real... tener miedo a... de miedo...
de constantemente parches y mantener la pared alrededor
de mi corazón...de estar cansada.

Estoy cansada.

Soledad   20 de Septiembre, 2010

Soledad.
¿Cómo se puede estar solo cuando uno ha conocido el amor?
Para aquellos de nosotros que nunca han conocido el amor, el
amor nunca experimentado, nuncas conocerás el amor, que
aporta una comprensión diferente, o la definición de la soledad.

Tengo Miedo a Amar   3 de Octubre, 2010

Mi amiga le dijo esta frase ayer, en la conversación, sobre su propia vida. Tan pronto como ella lo dijo, las palabras resonaban en mi cerebro. "Miedo al Amor." Yo nunca había oído hablar de este concepto antes. Tiene sentido total, escuchar su historia y saber la mía. Yo no lo sabía en ese momento, pero ahora sé que tengo miedo a amar. Es una de las pocas cosas en la vida que anhelo-me para el tiempo que con cada fibra de mi ser. Pero tengo miedo de ella. Tengo miedo de amar. El segundo escuché esa frase, pensé, "Que es tu. Tu es MIEDO AL AMAR."

Entonces me preguntó: "¿Pero por qué le tienes miedo al amar?" La respuesta de inmediato apareció en mi cabeza: "Tienes miedo de ser herido de nuevo. Amigos y novios te han hecho daño. Tiene sentido total a tener miedo de ser herido de nuevo." Pero entonces la otra respuesta apareció en mi cabeza: "Tú también tienen miedo de no ser amado. Los dos hombres que amaba-o que usted pensaba que amaba-no te quiero. ¿Por qué arriesgar todo el tiempo y esfuerzo y que se daño en las personas que no comparten esos sentimientos de amor? Si mantiene la puerta cerrada a la pared para mantener fuera el dolor, también de mantenimiento de la posibilidad del amor. El amor puede tener una clave para entrar en la puerta, tal vez no. La máscara que llevas todos los días-es sólo una pared. Se trata de un mecanismo de supervivencia. Un mecanismo de defensa. Pero, recuerde que la línea de la película, 'Algunas cosas en algunas personas se lo merecen.' Este descubrimiento no es una panacea, no una cura instantánea. Pero a medida que usted tiene miedo de sentir, de tomar de la máscara, para que la gente en el, para que la gente vea su yo verdadero, y para que la gente ya sabe, lo real, usted también tiene miedo al amor. ¿Alguna vez había experimentado el amor, o se mostró el amor, tu sabes lo que es una cosa milagrosa que le falta."

El Lenguaje del Amor   8 de Enero, 2011

Escuché una frase en una canción el otro día-"el lenguaje del amor." Empecé a pensar en las palabras diferentes en este idioma, hablado y no, y los conceptos de este lenguaje, habla y no. He oído este idioma antes. Podría hablar unas pocas palabras, pero yo no tenía una comprensión de esta lengua. Todavía no. Hay muchas palabras, conceptos, pensamientos, frases hechas, los sustantivos, adjetivos adverbios y verbos en este idioma. Todavía tengo que hacerlo, pero con cada fibra de mi ser, me encantaría aprender el lenguaje del amor.

Solo Vs. Solo   23 de Enero, 2011

He aprendido que, en el aprendizaje del español, una palabra-solo-se traduce en dos palabras, con significados muy diferentes. Esta palabra se puede traducir en "alone" y "lonely." Permítanme utilizar cada palabra en una frase:

"Vivir como mujer soltera significa hacer muchas cosas solo."
"Living as single woman means doing many things alone."

"La mujer sintió solo cuando su amigo no vino a cenar."
 "The woman felt lonely when her friend didn't come over for dinner."

Estar solo puede ser una buena cosa. Vivir la vida solo, no tener que responder ante nadie, a ninguna parte que desee-siempre que lo desee, o no va a ninguna parte, puede ser muy liberador. Como tu me dijiste, estar solo te cuida y te protege. Sin embargo, estar solo también puede mantener a otros fuera. Estar sola también puede ser una cosa mala que no tienen a nadie a ir a lugares con, confiar, compartir tu vida con.

Ser el único que puede, y lo hace a menudo, conducen a la otra emoción, sentimiento de soledad. Para mí, cuando tengo que hablar con alguien y no puedo, por la razón que sea, que me hace sentir solo. Cuando veo a las parejas en la calle y anhelan el amor que nunca he encontrado, que me hace sentir solo. Cuando siento que no hay nadie en la Tierra, (o luna) ;) pero yo, que me hace sentir solo. Cuando necesito hablar con alguien-cualquiera- y yo no puede, que me hace sentir solo.

En mi opinión, estas dos palabras y sus definiciones, son muy diferentes entre sí. Estar solo es ser uno mismo, ya sea por consecuencia o elección. Estar solo es estar solo y triste. Qué irónico que estas dos palabras, con estas definiciones polo opuesto, se traducen en la misma palabra.

Quería Decirte   14 de Febrero, 2011

Quería decirte…..

...Tu me dijiste …Quise decirte...No sé por qué yo no decirte...Supongo que me olvidé de decirte...Yo quería decirte ...Y estoy tan contento de que puedo decirte...Y que tu me puedes decir...Y que yo puedo decirte....Y que yo pueda sentir lo suficientemente seguros como para decirte...Lo que quería decirte…Y supongo que me olvidé de decirte...Pero en realidad quiero decirte...Y yo no puedo creer que tengo que decirte...Lo que he querido decirte...Al principio me recuerdo que era difícil de decirte...Porque nadie la había contado a mí, cómo podria decirte...pero ahora alguien dicelo a mi-tú… Debo decirte...Por lo general, se lo dices a mí...Antes de tener la oportunidad de decirte...Pero tengo que decirte... Quiero decirte...Sobre todo hoy, tengo que decirte... Bueno, quiero decirte...

………te amo.

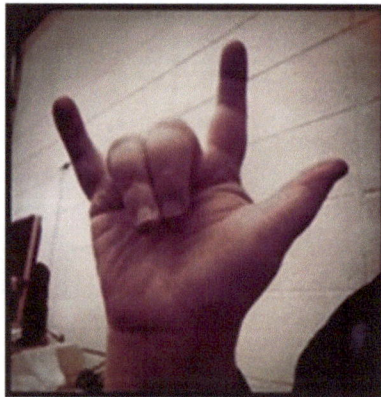

"Te Amo" en Lenguaje de Señas Americano
por Esperanza Habla

Me Encanta a Cantar   26 de Febrero, 2011

Me encanta que la gente se sorprende cuando escuchan mi voz-
que no pueden creer que soy yo. Me encanta ver a este choque en
el turno de la gente se enfrenta en una sonrisa. Me encanta que
mi mamá quiere tener un CD del Mesías de Handel, las 3 partes,
con sólo mi voz. Me gusta desafiarme a mi mismo en el canto.
Me encanta que puedo cantar en voz muy baja, justo por encima
de un susurro, y que puedo cantar lo suficientemente fuerte como
para llenar una habitación. Me encanta que cuando canto
"Caledonia" de Celtic Woman, mi gata se queda mirando en mí,
con asombro total, como si decir, "¿Cómo se hace eso??" Me
encanta que me puedo expresar a través de mi canto. Me encanta
que puedo expresar mis emociones y las emociones que ni
siquiera son míos. Me encanta cantar de una manera divertida,
con acentos diferentes voces, para hacer reír a alguien. Me
encanta que cuando canto junto a otro cantante, yo puedo
cambiar mi voz a la de ellos imitan. Yo puedo ser cualquier
persona que quiero ser. Me encanta que en realidad su vez la
cabeza cuando la gente me oye cantar. Me encanta que con mi
voz que puede elevarse por encima de las nubes con los otros
ángeles, incluso con mi ala rota. Me encanta que mi voz puede
shock, aturdimiento, el tacto, impresionar, inspirer, temor, y la
gente se mueve a las lágrimas. Me encanta que lloraste cuando te
cantaba un aria italiana. Me encanta a cantar, aunque nadie me
va a escuchar. Me encanta a cantar.

El Pared Alrededor de Mi Corazón   2 de Abril, 2011

Hay una pared alrededor de mi corazón que me cobija y me protege. Esta pared se ha mantenido durante años. Se ha visto a varios períodos de construcción y demolición. Si bien el objetivo de este muro es para mí mantener a salvo, lejos de cualquier daño, también me aísla y me mantiene de la gente lo sepa. Me mantiene alejado de la amistad. Me mantiene lejos del amor. Me hace sentir infeliz, aislado y solo. El pared se construye despúes de una herida nueva. Un profundo y devastador daño. La pared es muy fácil de poner, sino que se construye ladrillo por ladrillo. Se me protege, guarda mis secretos, me escudos de los daños y me mantiene de hacerse daño. Me consuela saber que estoy protegido. Pero, ¿a qué costo? El muro ha sido conocido por tener guardias armados alrededor de la pared. Es incluso había cercado eléctrico instalado en la parte superior, para mayor protección. Cuando el muro se eleva, ladrillo por ladrillo, el muro también se reduce de ladrillo por ladrillo. Como he llegado a conocer a alguien, y como alguien viene a mí saber, los ladrillos son astillas de la pared. Cuando comparto una historia divertida, eso es un ladrillo. Cuando yo compartimos un secreto-ladrillo. Cuando confío mis sentimientos-ladrillo. Cuando comparto una herida-ladrillo. Cuando una persona de confianza-ladrillo. Uno por uno. Ladrillo por ladrillo. Hay una pared alrededor de mi corazón. Ahora es a una altura donde se puede pasar por encima de ella y tener acceso a mi corazón dentro.

Es decir, si me dejo te dejes entrar.

Sueños   2 de Abril, 2011

Una vez que recibí una foto autografiada de una celebridad. La celebridad había firmado su nombre, y también había escrito: "Que todos tus sueños se hagan realidad." Pensé en esa frase una y otra vez. "Que todos tus sueños se hagan realidad." Que todos mis sueños se hagan realidad. Eso me hizo pensar: "Mis sueños .... Mis sueños?!?" Era como si yo no entendía el concepto. Eso me hizo pensar: "Bueno, ¿cuáles son mis sueños?" Me di cuenta que no me estaba divirtiendo en la vida-que estaba siendo eficiente. Yo no vivía, estaba ya existentes. No me había dado cuenta, pero la vida se había hecho cargo. La vida se había hecho cargo, y ha tomado todos mis sueños, sin mi consentimiento, y yo ni siquiera había dado cuenta. Decidí partir de ese momento para pensar en lo que yo quería, para hacer realidad nuevos sueños. Las mismas cosas seguían llegando a mi cabeza "Obtener un mejor trabajo," "Conoce a un buen hombre," "Caer en Amor," "Casarme." Pero entonces, ¿qué? Digamos que no conseguir un trabajo mejor, conocer a un buen hombre, se enamoran, se casan. Dicen todos estos "sueños" se hagan realidad. Pero entonces, ¿qué? Ese no es el final de la historia-que no es el final de mi historia. Felices para siempre, si existe, no es el final de mi historia. Ahora que puedo soñar, ahora que tengo el poder de soñar, yo no sé qué hacer soñar, o qué sueño. Ni siquiera sé si soy lo suficientemente valiente como para soñar. Los sueños pueden ser tan poderoso, tan mágico, tan liberador, tan maravilloso. Pero esos son los sueños que se hacen realidad. Los sueños que no se hacen realidad, o no pueden convertirse en realidad puede estar llena de rechazo, desilusión, herir, dolor. "Que todos tus sueños se hagan realidad." ¿Cómo pueden hacerse realidad cuando ni siquiera he soñado con ellos todavía? Yo no sabía que el mundo está abierto para mí. Como un amigo dijo una vez: "Todo es Posible." Mi vida es un momento que permite la posibilidad de creer en los sueños de nuevo. La vida es dejar que me atrevo a pensar en soñar un sueño que podría o no hacerse realidad, soy lo suficientemente valiente para atreverse a soñar. La vida se había hecho cargo, y ha tomado todos mis sueños, sin mi consentimiento, y yo ni siquiera había dado cuenta. Y eso es triste.

Ellos son Todo Nunca Voy a Estar   2 de Abril, 2011

¿Alguna vez has mirado a la vida de otra persona, una celebridad, un artista, un cineasta, un artista intérprete o ejecutante, y he visto todas sus cualidades fantásticas? Luego hizo girar la visión hacia adentro en ti mismo? ¿Se siente decepcionado con lo que vio? ¿Le desilusionó con la comparación? Compararte con los demás crea muchos pensamientos en la cabeza de una persona:

-"Wow-su trabajo es increíble." -"¿Cómo hicieron eso??"-
"Dios mio, ella es hermosa." -"Yo mataría por que el pelo." -
"Mire a su piel de porcelana." -"Esa actuación fue increíble."-
"Eso fue tan listo!"-"Me hubiera gustado dice que."-
"Deseo que yo había dicho que primero."-"No puedo hacer eso."
-"Me gustaría poder hacer eso." -"Ojalá pudiera ser así."-
"Yo nunca podría hacer eso." -"Eso estaba histérica!"-
"Que se trasladó me a las lágrimas."-" Eso fue increíble."-
" Esa pieza fue increíble."-"Debe ser maravilloso ser ellos."-
"Ojalá que era."-"Me gustaría ser alguien más que yo."-
" Ellos son todo lo que nunca será."

Te Extraño   6 de Abril, 2011

No puedo creer que te has ido. Que le han ido a la semana. Una
semana entera. Me siento como me acabo de enterar ayer. Siento
que esto es un sueño horrible, desagradable, y que está vivo y
bien y libre de cáncer. Pero, lamentablemente, que es el sueño
desagradable, no la realidad. Me gustaría poder hablar contigo
una última vez. Me gustaría recibir tus comentarios sobre las
cosas. Me gustaría conocer tu opinión sobre las cartas que envió.
Me gustaría poder recibir una tarjeta de cumpleaños de tu.

Cuando hablé con tu la semana pasada, me sentí tanta
comodidad después. Pero la vida sigue, tan cruel como una
realidad que es. Te echo de menos el envío de cartas. Echo de
menos ser capaz de comunicarse con tu cuando quiera.

Puedo oír tu voz. Puedo oír tu risa. Puedo ver tu sonrisa.
Mi corazón está roto que nos han dejado. Nunca pensé que
realmente iba. Pero sé que está en el cielo, mirando a todos
nosotros tratando de lidiar con nuestro dolor de perderte.

Sé que tu eres libre de dolor, y libre para volar donde quiera que
tu elijas. Por favor, perdóname por mi egoísmo al querer que
estuvieras aquí. Es sólo porque te amo.

Te amo Sally.

Y te extraño.

A Los Hombres que Me Duelen   8 de Abril, 2011

A los hombres que me duelen, escribo esto con la esperanza de ganar el cierre, y librarme de una vez por todas. Me entristece cuando pienso en mi amistad con usted. Me entristece que me culpó por sus errores. Me entristece que he borrado mi autoestima y sentido de la autoestima en vez de hacerte responsable de tus propias acciones. Tú eres la razón hay un muro alrededor de mi corazón. Tú eres la razón por la que, durante años, la desconfianza albergado en los hombres.
Yo no te perdono por su engaño. Yo no te perdono por tus mentiras. Yo no te perdono por hacerme daño. Yo no te perdono por su no decir la verdad, porque decir la verdad, "me haría daño." Yo no te perdono por tener tu amistad lejos de mí sin mi consentimiento. Nunca podré perdonar por las cosas que has hecho para mí. Pero, por extraño que sea, te puedo perdonar. Perdonar que me libera del dolor. Perdonar que me permite dejar de lado el dolor. No voy a llevar esto me duele más. Si me aferro a la herida, que le da poder. Estoy dando a través de mi poder. Le doy las gracias por todo lo que me han enseñado, a pesar de que me devastó en el proceso. Le doy las gracias por hacerme la mujer que soy hoy en día, autosuficientes, capaces de sentir emociones, confianza. Le doy las gracias por sacar al infierno de mi vida. Usted debe verme ahora. Nunca me reconocería.

A El Hombre Amaré   9 de Abril 2011

A el hombre amaré: no te he conocido todavía, pero sé que va a cambiar mi vida para siempre.

Sé que me hará sentir las cosas de una manera que nunca antes había sentido.

Sé que va a abrir mi corazón, y que nunca será el mismo.

Sé que voy a compartir mi corazón con ustedes, mi vida contigo.

Yo estaré allí para ti, regocijándose en sus triunfos, duelo tus penas, ayudándole a enfrentar los desafíos que se presenten, que le da fuerza en momentos de adversidad, que le da el apoyo sin fin.

Te amaré descaradamente con todo mi corazón.

Voy a ser tu amigo, tu pareja, tu confidente, tu amante.

Yo seré tu campeón, tu audiencia cautiva, tu mayor fan.

Te haré reír cuando estás triste.

Voy a tomar tu mano cuando se necesita apoyo. Voy a abrazarte cuando necesitan consuelo.

Voy a tenerte cerca cuando te necesitas mi amor.

Voy a compartir mis risas, lágrimas, esperanzas, miedos, pensamientos, sueños y más.

Metamorfosis   17 de Abril, 2011

Gracias para enseñarme es una cosa a buena a tener emociones,
a expresar mi mismo, que esta bien a ser triste cuando siento
triste, para enseñarme a llorar y sollozar de felicidad, para
enseñarme a nunca residuos una solo lagrima. Gracias para
siempre escuchando, y me ayudando a quitar mi mascara.
Gracias para me ayudando a crecer y florecer y cambiar
y convertirse en la persona que soy hoy. Mi.

Todos Merecen la Oportunidad de Volar 20 de Abril, 2011

Yo soy como la otra mujer cuyo nombre empieza con E. Me
equivoco, incomprendido. Yo no soy como el mundo percibe
que yo sea. Se me ha dado una gran potencia. Y estoy
aprendiendo a usarlo. He aprendido a ser fiel a mí mismo y lo
que soy. He aprendido a no esconderme, o negar mis talentos. He
aprendido que soy hermosa. He aprendido a no dejar de ser yo
mismo, ni siquiera por un segundo. Incluso he aprendido a volar.
Ya sea en una escoba o mis propias alas, he aprendido a volar.

La vista desde las alturas es impresionante. Desde arriba, las
cosas adquieren una nueva perspectiva. El mundo es tan
hermoso. Mi visión es mucho más clara. Ahora puedo ver las
cosas de lo alto antes. Ahora puedo ver cosas que nunca habría
sido capaz de ver de otra manera, en el mundo antes que yo y en
su interior. Veo la belleza. Veo la risa. Veo la verdad. Veo amor.
Me veo.

Estoy agradecido que me han enseñado a abrir mis alas y volar.
Ahora que he aprendido yo espero que nunca se detienen.
El Mago tenia razon-todos merecen la oportunidad de volar.

Adiós   26 de Abril, 2011

Ha sido un mes desde que nos dejaste. No puedo creer que ha sido un mes. Pienso en ti a menudo. A veces me río, pensando en algo gracioso que dijo, o la forma en que lo dijo. A veces lloro, lleno de profunda tristeza, extrañandote.

Esto es lo más difícil que he hecho. Se trata de rompiendo mi corazón. No quiero hacerlo, pero siento que debo. No puedo ser egoísta y aferrarse a tu. Tu necesitas tener la libertad de volar con los otros ángeles.

Has cambiado mi vida. Voy a extrañarte para siempre. Serás mi ángel para siempre. Pensaré en ti y sonreiré. Pensaré en ti y lloraré.

Te quiero Sally. Adiós.

Lecciónes de Vida   2 de Mayo, 2011

Sigas tus gafas de sol, incluso en un día nublado.
Asegúrese de que tiene el medicamento.
Mantenga siempre Coca-Cola Adieta y
        el chocolate en la mano.
Abre tu corazón nunca se sabe quién va a encontrar
        tu camino pulg.
Sé quién eres, el bueno el malo y el feo.
Dejes que los demás ser lo que son.
Nunca renunciar a tu poder.
Nunca dejes de soñar.
Nunca dejar de esperar.
No ocultar lo que eres o lo que está sintiendo.

Nunca te avergüences de ser quien eres.
Nunca tenga miedo de expresarse.
Asegúrese de que tus seres queridos
    sepan cómo te sientes acerca de ellos.
Acaricie a tus amigos.
Sé indulgente y comprensivo con los demás, especialmente
    cuando no cumplen con tus expectativas.
No juzgues a los demás con dureza.
Abrazo la libertad.
Dejes de mirar una puesta de sol, o un arco iris.
No tenga miedo de dejar que los demás.
Nunca dejes que nadie te hacen sentir mal
    consigo mismo, quién eres, lo que está sintiendo.
Mírate en el espejo de ti mismo
    hasta que pueda tu mismo, no ves tus defectos.
El amor cómo te ves y su cuerpo-las arrugas, las curvas,
    la celulitis y mucho más. Este es el único órgano que
    tendrá que llegar.
Póngate de pie para temer.
No dejes que el miedo te impida realizar tus sueños.
Tu vas a ser lastimado, muy profundamente.
    Pero tu vas a sobrevivir.
Perdonamos a los que te han herido.
Eres digno de respeto.
Eres digno.
Eres suficiente.
Eres hermosa.
Ámate a ti mismo.
Cree en ti mismo.
Cree en el amor.
Creer.

Soy Esperanza   15 de Mayo, 2011

Soy Esperanza

Ilumino la oscuridad
Hago los tiempos difíciles un poco más fácil
Puedo hacer una diferencia en tu vida, si me dejas
Nunca me perder
Encontrarme
Abrázame
Adhiérase a mí
Déjame ayudarte a través del dolor
Si me necesitas, sólo me buscas
Siempre estoy aquí para ti
Confianza en mí
Si tu me ha perdido, encontrarme
Yo nunca estoy lejos

"La verdadera esperanza es rápida,
y vuela con alas de golondrinas;
Reyes hace dioses,
y los reyes más malo criaturas"
-William Shakespeare,
Ricardo III, Acto V, escena II

El Amor del Amigo   16 de Junio, 2011

El amor de un amigo...

...puede llenarte con la alegría más grande
...puede iluminarte incluso un día perfecto
...puede hacerte feliz que usted por correo electrónico, aún antes
de haber abierto su mensaje
...puede inspirarte a aprender cosas nuevas
...puede inspirarte a aprender acerca de ellos
...puede darte el valor de hacer cosas que
nunca pensaste que podías
...puede llenar tu alma de gozo puro
...puede hacerte ver la belleza que otros ven en ti
...puede recordarte lo que una persona maravillosa que eres
...puede abrir tu mundo
...puede hacerte amor la luna
...puede hacerte ver unos a los otros sin telescopios
...puede ofrecerte un sinfín de posibilidades
...puede hacerte a compartir tus secretos más íntimos
...puede hacerte derribar el muro alrededor de tu corazón
...puede romper tu corazón cuando lo has perdido
...puede llenar tu alma cuando lo has encontrado
...puede ser el amor más puro que jamás he conocido
...puede hacerte derriter como el hielo bajo el sol
...puede enseñarte a volar
...puede hacerte muy feliz
...puede recordarte que eres todavía tu

Soy una Poeta   4 de Julio, 2011

Soy una poeta. Me han llamado muchas cosas en los últimos
años, muchas cosas que no se repetirá. Soy una hija, una
hermana, una tía, una compañera de trabajo, una persona. Soy
una poeta. Con mi poesía que puedo volar. Estoy volando sobre
la Tierra, admirando su belleza. Le puedo mostrar mi corazón y
desnudar mi alma, todo esto y mucho más. Porque soy una poeta.

"La Vida del Poeta" por Esperanza Habla

No Soy Azul, Soy Añil   13 de Julio, 2011

El color añil. El color del cielo de medianoche. El color que el
azul y el violeta hacer. El color añil. Un día, cuando me estaba
sintiendo, oh, digamos "menos de feliz", yo dije a un amigo que
yo estaba azul. Este amigo me dijo: "Tú no eres azul, eres añil."
Al principio pensé que este amigo me estaba tomando el pelo.
Yo pensé: "Sí, claro, ¿cómo puede una persona ser índigo?" Yo
estaba muy curioso, de hecho, que comencé a investigar hasta

21

qué punto una persona puede ser añil. Algunos rasgos de una persona añil son: el sabio, profundo, espiritual consciente, intuitiva, perceptiva, dedicado, es justo, responsable y dedicada a la verdad. Tal vez no tengo estos rasgos. Pero, tal vez tengo estos. Quizás el mayor rasgo de una persona añil es la introspección. Que es un rasgo de ser una persona añil que voy a admitir. A través de expresarme a través de mi escritura, esto ha creado una gran introspección. No puedo escribir, crear, sin introspección. Pensar en las cosas profundamente, sintiendo las cosas profundamente, dejando mi mismo sentir que las cosas me siento profundamente, que es la forma en que creo. Así es como estoy aprendiendo a vivir. Así es como estoy aprendiendo a respirar. Así es como aprendí a volar. Mis alas son de un color añil, hizo iridiscente a la luz de la luna. Mi amigo tenía razón-no soy azul, soy añil.

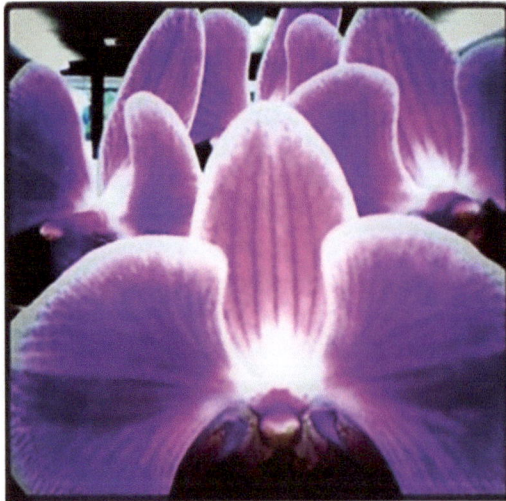

"la Orquídea Añil" por Esperanza Habla

Mención Honorífica   14 de Julio, 2011

Un mes en el pasado, o algo como así, entré enun concurso de escritura en mi lugar de trabajo. He enviado mi entrada y, a lo largo de ese mes, se me olvidó todosobre el concurso. Hasta hoy.

He recibido un e-mail que mi entradaobtuvo Mención Honorífica. Mi escrito-una Mención Honorífica.
Es el primer tiempo, que, ser un escritor, que se ha ganado algo.

No voy a tener mi foto en el periódico, no voy a reunirse con el alcalde. (Me ganó una tarjeta de regalo de $25 sin embargo.) Pero, honestamente, no me importa.

Gané Mención Honorífica.

Si se me pregunta cómo me siento en este momento-honorado.
Y muy orgulloso.

Un Viaje a la Luna   21 de Julio, 2011

Estoy a punto de embarcarse en un viaje, un viaje a la Luna.
No sé lo que voy a encontrar allí...las rocas, las huellas de los astronautas pasado...Nunca he estado en la Luna antes-estoy un poco nerviosa. Dicho esto, no puedo esperar a ver la belleza de la Tierra desde lo alto en el cielo....para ver las maravillas que sólo pueden ser vistos desde un punto de vista En la Luna.

Pensamientos Sobre Escritura   23 de Julio, 2011

Este poema está dedicado a mis amigos S, A, B, M, L, P, M y D. Gracias por su apoyo incesante.

Cuando la inspiración golpea me siento en una computadora o con papel y lápiz, solo me siento y escribo. Me doy la libertad de escribir lo que viene a la mente. Cuando escribo entro en una zona. Es como si yo no estoy en el control de más. Mi corazón sabe lo que quiero decir, y mis dedos que escriben. Acabo de estar allí, dejar que el flujo de pensamientos. No sé cuando he terminado con el poema hasta que esté hecho por escrito. Después de que he escrito algo que me va a dar un paso atrás, hacer algo más por un tiempo. Voy a volver a examinar el poema y lo que he escrito. Si yo pienso que es bueno, voy a tenerlo listo para publicar. Si lo leí y es basura, yo lo descarte.

No he tenido este blog desde hace mucho tiempo, a sólo 5 meses. Pero en ese tiempo he recibido como respuesta sincera y positiva acerca de mi poesía. Para ser honesto, estoy sorprendido de que otras personas piensan que soy un escritor de talento. Recuerdo que le dije, "¿En serio? Mi? ¿De verdad crees que tengo talento en mi forma de escribir?" Me sorprendió. Nunca pensé que yo tenía algo de talento en la escritura. Estoy empezando a pensar lo contrario. En un primer momento, vi a mi poesía como una manera para mí para expresarme, lo que estoy pensando y sintiendo. Me quedé asombrado al oír cómo mi poesía habla a la gente, cómo se conectacon la gente en un nivel emocional. Me sorprende que la gente está muy conmovida por lo que escribo. Que es una gran sensación.

He recibido muchos comentarios de la gente con respecto a mi escritura, de todo, desde "Tu corazón se muestra a través de la pantalla," a "Es hermoso, como tú." Ha habido muchos comentarios, con un comentario en común: "Seguir escribiendo."

No sé cuál es mi futuro literario es, o lo que se pregunta mi forma de escribir los llevaré a mi vida. Sin embargo, tengo la sensación de que el mundo se abrirá a mí de una manera nunca antes. Como un amigo me dijo una vez, debo seguir escribiendo, porque "el mundo necesita más Esperanza."

Es Tranquilo en la Biblioteca de Hoy   9 de Agosto, 2011

Es tranquilo en la biblioteca de hoy. Lo creas o no, que es un bien escaso en estos días-Para una biblioteca para ser realmente tranquilo. Hay por lo general siempre los sonidos de la prisa y el bullicio de los clientes en busca de sus bodegas, los clientes de hablar con su vecino, o ponerse al día con un viejo amigo, un cliente gritándole a personal de la biblioteca ya que tienen un bien y no quiere pagarlo, niños corriendo aquí y allá, entusiasmados con encontrar un libro que quieren leer, o pelear gritando con sus hermanos acerca de qué película van a ver primero al llegar a casa, bebés en la parte superior de sus pulmones, la única manera de bebés pueden el ruido de los casos que se abre para conseguir los CDs y películas a partir de ellos el ruido sordo de los materiales de caer en la papelera de retorno de la copiadora en su funcionamiento habitual zumbido de la maquinaria del rumor de la impresora hacienda impresiones de mantener los avisos los pitidos de los láseres como proceso de los materiales devueltos...todos estos ruidos, oír a la vez, puede ser una sinfonía ensordecedora.Pero no hoy.

La biblioteca está felizmente, con alegría, en paz tranquila. Una persona puede relajarse y leer un libro en realidad si así lo desean.

Una persona puede relajarse con un café con leche y leer el periódico de la mañana, si así lo desean. Una persona puede escucharse a simismos que, para la biblioteca está felizmente en paz. Es tranquilo en la biblioteca de hoy.

"La Biblioteca" por
Esperanza Habla

Palabras de Esperanza   12 de Agosto, 2011

He oído esta frase el día-Palabras de Esperanza. Esa frase se ha
quedado en mi mente-palabras de esperanza. Este blog se llama
Esperanza, que, en Español, significa "Hope." Mi seudónimo es
Esperanza Habla, que, en Español, significa "Hope Speaks."
Este blog casi se podría llamar "Palabras de Esperanza." Después
de todo, tu estás leyendo mis palabras, y ese es mi nombre. Una
de las cosas que oigo de mis lectores es "seguir escribiendo."
Significa mucho para saber que algo que escribe significa algo a
otra persona. Cuando empecé a escribir, nunca pensé que yo
tenía algo de talento en la escritura-Fue algo que hice para
expresarme. Después empecé a escribir, y comenzó este blog,
fue entonces privado.

Más tarde compartida con mis poemas de un autor local. Él me
animó a hacer pública mi blog. Señaló que, a través de este blog,
A través de mi poesía…tal vez yo puedo ayudar a alguien en un
momento difícil en su vida. Tal vez pueda inspirar a alguien
a escribir algo propio.Tal vez yo pueda ayudar a alguien
a sentirse mejor, en un día estresante.

Hasta la fecha he tenido más de 2.000 visitas a este blog. Que es
sorprendente para mí. Gracias a ustedes, mis lectores, por haber
regresado a mi blog de vez en cuando, para ver lo que es nuevo
en el sitio, ver lo que los pensamientos que he puesto en el blog.

Yo agradezco a ustedes su apoyo en esta nueva salida creativa de
la mía. Me hace sentir bien saber que mis palabras han
significado algo para ti...que me han animado a seguir
escribiendo, que te importa lo suficiente para leer las Palabras de
Esperanza.

Cara Pintada Blanca   15 de Agosto, 2011

*Dedico esta poema a todos mis amigos mimos través el mundo.

Hay un ruido en la habitación. Las luces se atenúan. El público se va en silencio. Las luces del escenario iluminar. El foco ilumina a una persona en el escenario. Un hombre-vestido de negro, con guantes blancos, y una cara pintada de blanco. El hombre permanece inmóvil. La música comienza. El artista comienza a moverse. Mundos se crean a través de las manos en los guantes. Los gestos se traducen en palabras no dichas. Los sentimientos se transmiten con la cara, con el cuerpo. Los sentimientos se sienten con el corazón, con el alma. Las sonrisas pueden aparecer de la nada. Las lágrimas pueden caer como lluvia. Penas pueden ampliar. Alegrías puede greaten. Corazón se puede romper. Corazón puede reparar. Las almas pueden ser limpios.

El aire se talla con el movimiento. El movimiento es poesía en movimiento. Con cada aliento, cada suspiro, con cada gesto, cada mirada, con todos los matices del movimiento está hecho el mundo más hermoso. El artista termina su actuación, una vez más inmóvil. El público permanece aún en un estado de éxtasis, en un estado de temor, golpeado por el resplandor, impresionado por la belleza-la belleza que he visto, la belleza que se mantiene. El público estalla en aplausos, estalla en hurras, hurras por el rendimiento que hemos visto, para el desempeño que han tenido el privilegio de ver. El artista se inclina en escenario para agradecer al public por su parte, el aplauso por un trabajo bien hecho. Todos estos sentimientos, todas estas emociones, las risas, las lágrimas…a partir de una experiencia que he tenido…la experiencia de ver a un maestro de realizar su arte. Todo eso de la artista en el escenario, con guantes blancos, y una cara pintada de blanco.

Un Fénix   16 de Agosto, 2011

Un Fénix, el ave mítica que vive, se consume en llamas, y comienza de nuevo.

Un momento de la muerte, un tiempo de renacimiento.

El ave fénix. Se saca de entre las llamas, renace de sus cenizas.

Se quiere empezar de nuevo. No pensar en lo que ha sido, sólo en lo que será.

He conocido el fuego, y se sintió su quemadura.

Este es mi tiempo. Mi tiempo para brillar. Mi tiempo de volar.

Me he levantado de las cenizas y estoy viviendo de nuevo, respirar de nuevo, la limpieza de las cenizas de mis alas añil.

Me siento como un fénix.

"El pájaro orgullo dispuesto a quemar,
para que pueda vivir de nuevo,
elige las llamas de los fuegos que queman el viejo Fénix
La naturaleza se detiene
Hasta que un ave joven nuevo empieza de nuevo,
y comienza la leyenda
de la Fénix"
-Claudian (autor romano)

14 Gaviotas del Mar   21 de Agosto, 2011

Yo estaba conduciendo a la tienda local de hoy en día no, a cinco minutos de mi casa. Llegué a la tienda, encontró un lugar de estacionamiento, y estacioné mi coche. Salí del coche y escuchó un sonido extraño. Era un caw. Me di cuenta de que el sonido. Me dije a mí mismo:

"Yo no podría haber escuchado un caw. Gaviotas del mar hacen un sonido caw. Recuerdo que el sonido, desde el mar. Fui allí cuando yo era una niña. Gaviotas del mar hacen que el sonido. Yo no podría haber escuchado un caw."

En ese momento oí a otro caw. Volví la cabeza en la dirección de los sonidos de procedencia. Allí, en la distancia, fueron 14 gaviotas del mar. Los conté para asegurarse. 14 gaviotas del mar. Dando vueltas por el estacionamiento, en busca de comida. Mi casa está a miles de kilómetros del mar. Pensé para mis adentros:

"¿Qué están haciendo aquí? Están tan fuera de lugar."

Mi siguiente pensamiento fue,

"Tal vez ellos son los que se supone que están aquí.
Tal vez nosotros son los fuera de lugar."

Entre Ayer y Hoy   24 de Agosto, 2011

Ayer fue un día diferente. Al parecer, mirando hacia atrás, me fui a través de mi día durmiendo mientras se está despierto. Yo existía, yo no viví. Yo tenía un corazón cerrado por el dolor. Mi corazón estaba lleno de rechazo y desconfianza. Pero no hoy.

Hoy es un día diferente. He despertado renovado. Durante la noche ha sido una metamorfosis. Yo no soy la misma persona. He despertado con una nueva visión. He encontrado mi voz. Estoy cantando para que otros puedan oírme. Estoy siendo escuchado. Estoy descubriendo habilidades y capacidades que estaban dormidas en mí-habilidades que nunca supe que había. Como ya he abierto mi corazón, para que en el amor, el mundo me ha mostrado su belleza. He encontrado mis alas, y se han dado a la fuga. Las vistas desde esta altura son impresionantes. El vuelo es muy emocionante. No quiero volver a dejar en alza.

Al mirar hacia atrás a la de ayer, yo no me reconozco. Hoy soy una persona diferente. Un fénix con alas de color añil. Ha habido una gran diferencia, un gran cambio, una metamorfosis. No vas a creer los cambios que veo, entre ayer y hoy.

"Entre Ayer y Hoy" por Esperanza Habla

30

Un Trabajo en Progreso   29 de Agosto, 2011

Yo era estaba pensando sobre mis sueños. Estoy contento que empezando a dejar mi mismo sueño. Tengo una lista pequeño, pero es una lista sincero. Bueno, aqui son algunos a mis sueños: Para enamorarse. Para casarse. Para amar y ser amado para siempre. A ser una poeta que ha publicado. A ser un autor que ha publicado. A ganar una vida de mis proyectos literarios. A mover a otro ciudad en un clima más cálido. A viajar a Peru. Para vivir una vida dedicada a las artes. A encontrar felicidad. Felicidad total. Para mis sueños se hagan realidad, y apreciar cada momento de ella. No sé si mis sueños se harían realidad. No sé si esos son todos mis sueños. No sé si puedo a soñar más sueños, y hacer una nueva lista a medida que avanzo. Eso es lo que voy a hacer. Voy a hacer una nueva lista a medida que avanzo. Si he cometido un sueño hecho realidad, maravillosa. Si no, voy a añadir a la lista. Me parece que esta lista de sueños, como la vida, es un trabajo en progreso.

"Un Trabajo en Progreso" por Esperanza Habla

Inspiración   8 de Septiembre, 2011

La inspiración es difícil de alcanzar. Esto puede ocurrir cuando
menos se lo sospecha. Al igual que el amor. La inspiración es
difícil de encontrar. Yo no creo que sea algo que una persona
activa puede buscar, simplemente sucede. Al igual que el amor.
Puede pasar sus días en busca de ella, haciendo amargarse la
vida tratando de encontrarlo. Sin embargo, cuando las estrellas
se alinean, y cuando sea el momento adecuado, la inspiración
viene a ti. Al igual que el amor.

No creo que nos inspiran, nos encuentra. Cuando menos
sospechoso, que, cuando ni siquiera estamos buscando, nos
encuentra. Al igual que el amor. No buscar. Deja que te
encuentre.

La inspiración puede venir de un pensamiento, un momento, una
línea en una canción, una cita de una película, una palabra de un
mejor amigo. A continuación, inicia una reacción en cadena, una
alineación de pensamientos y sentimientos-una mezcla de
pensamientos y emociones que se juntan y viven como una sola.
Al igual que dos personas enamoradas.

El resultado de esta inspiración, el pensamiento, el poema,
el soneto, la película, la canción, puede llenar su corazón con el
gozo más grande, la mayor felicidad. Al igual que el amor.
La inspiración es igual que el amor. Una vez que hayas
encontrado, que acaba de saber.

Nunca Olvidar   8 de Septiembre, 2011

Me acuerdo de ese día, como hace mucha gente. Me levanté, me bañaba, y encendió el televisor, a escuchar las noticias, como lo hacen regularmente. Recuerdo haber en mi ropa, y mientras lo hacía, oí el ancla en el programa matutino nacional dicen que un segundo avión había golpeado justo. Pensé para mis adentros: "¿Qué ?!?!?!?!?!?!?!??" Entonces fui a la sala y comenzó a mirar. Me senté en la profunda atención, al igual que muchos en todo el mundo. Me senté allí, fascinado, incapaz de procesar lo que estaba sucediendo. Yo estaba tan absorto que estaba casi tarde al trabajo. Recuerdo que me sentí como si yo no quería salir de la casa. Tenía que saber lo que estaba pasando. Llegué a trabajar apenas a tiempo. Encontré a mi jefe de contar el dinero y la televisión-en la TV suelen utilizar para mostrar las películas a los niños en el verano. Antes de abrir por la mañana, la primera torre cayó. Recuerdo que cuando abrimos por la mañana, nos trajo la salida de TV para que nuestros clientes pueden mantenerse al día con todo. Así que podemos estar al día en todo.

Más adelante en el día que me acuerdo de ver la cobertura de noticias en medio de los clientes. Entonces tuve un cliente vienen en que era muy alegre, en total contradicción con el día. Habló de lo que es un gran día que estaba teniendo, sobre el tiempo, esto aquello y lo otro. Luego notó que no estaba diciendo nada nuevo a ella. Yo había estado escuchando, porque no quería interrumpir. Entonces ella me preguntó cómo estaba. Yo le dije que estaba bien. Ella me preguntó por qué era sólo aceptable. Le dije: "¿No has visto las noticias?" La mujer respondió: "Ah, sí. Mi padre se supone que es en uno de los aviones." Entonces comprendí por qué estaba tan locuaz y alegre, que estaba en la negación. La realidad de la situación no había llegado todavía. Ella seguía hablando y hablando y hablando, más de manía con cada minuto que pasaba. Cuanto más hablaba, en su mente, ella mantuvo el horror de la realidad en la bahía. Era como si, si dejó de hablar, sería confirmar sus peores temores. Sería más cierto.

Tuve la suerte. No he perdido a nadie ese día. Yo no conozco a nadie que ha perdido a nadie ese día. En Nueva York, Pennsylvania o el Pentagon, que también fue la suerte de que yo estaba ocupada trabajando. No he visto mucho de los horrores de ese día, a pesar de que tenía la televisión encendida.

Aprendí dos lecciones importantes de la vida ese día: En primer lugar, que nosotros, como pueblo son muy fuertes. No me refiero a los estadounidenses, me refiero a la gente. La gente está luchando por su libertad, contra la injusticia y la tiranía, en todo el mundo. Nosotros, como pueblo son muy fuertes.
En segundo lugar, la libertad no es libre.

Amistad   26 de Septiembre, 2011

Amistad significa…

… regocijo en los respectivos triunfos...compartir unos a los otros dolores...estar ahí cuando lo necesitan...dejarlos estar ahí cuando los necesite...la aceptación del otro sin condiciones por lo que y lo que están...que nunca juzgarnos unos a otros...

…ofreciendo un abrazo en la celebración...tomando su mano en apoyo…a compartir entre sí las risas y sus lágrimas…

estar ahí el uno al otro en momentos de adversidad…dando uno al otro otra oportunidad cuando te han herido...para poner a un lado los sentimientos heridos en tiempo de necesidad...para dar uno al otro su espacio cuando necesidad de que...para poner sus necesidades antes de tu propia...a perdonarnos unos a otros, no necesariamente lo que han hecho...para pensar el uno del otro y la sonrisa... para ofrecer una palabra amable cuando estás haciendo daño...compartir la verdad con el uno al otro, sin importer lo doloroso...ser respetuosos el uno del otro…

ser honesto con uno al otro...se cuidan el uno al otro...siendo amables unos con otros... amándonos unos a otros…

... ser un amigo.

Seis Meses   30 de Septiembre, 2011

No puedo creer que han pasado seis meses. No puedo creer que nos dejaste hace seis meses. Creo en ti a menudo, Sally. Estarás en mi corazón para siempre. Te extraño. Te amo.

Uno de Cada Siete   1 de Octubre, 2011

Creo que, como nos encontramos con giros poco de la vida y se
convierte, baches en el camino, nos encontramos con una
persona que quiere ayudar, una organización que quiere donar
nuestro tiempo, una obra de caridad que escribir un cheque para
apoyar, o simplemente causar un que es cercano y querido a
nuestros corazones. Para mí, esta causa es el cáncer de mama.
Aquí en los EE.UU., donde yo vivo, octubre es el seno Nacional
Mes de la Concientización del Cáncer. Cintas de color rosa se
encuentran en todas partes: en los productos, en las tiendas,
incluso la ropa que vestimos, todo para ayudar a crear conciencia
de esta enfermedad mortal. Por eso este blog, para el mes de
octubre, será de color rosa. La estadística de las mujeres a ser
diagnosticados con cáncer de mama era una de cada ocho
mujeres. Ahora, la estadística es una de cada siete. El número de
pacientes con cáncer de mama está aumentando, no
disminuyendo. Piensa en ello-una de cada siete mujeres. Mira a
tu alrededor. Si usted tiene siete amigas, que será? Si hay siete
mujeres de su familia, pregúntese a sí mismo-que se va a ser?
Hay siete mujeres de mi familia. En mi familia, era mi madre,
que tuvo cáncer de mama. Su cáncer fue descubierto años atrás.
Fue capturado rápidamente, y fue en una etapa muy bajas de
crecimiento. Estoy seguro de que es por eso que mi madre está
aquí hoy para contar su historia. Eso y su excelente curso de
tratamiento. Si usted es una mujer, hacer sus exámenes de mama
mensual. Que puede salvar su vida. Hacerse una mamografía.
Ámate a ti mismo lo suficiente como para cuidar de sí mismo.
Usted es el único que alguna vez será. Si usted es un hombre, ser
conscientes de que los hombres pueden desarrollar cáncer de
mama. Instar a las mujeres en su vida a cuidar de sí mismos.

Amor   1 de Octubre, 2011

* Escribí este poema para un amigo que tuvo un corazón roto.
Dedico este poema a todo la gente con un corazón roto.

Yo sé que has estado sufriendo. Sé que tu has estado buscando el amor, y no has encontrado el amor por ti, el perfecto, el amor para siempre. Tu has sido herido en tu búsqueda. Las que han amado has dejado. No ceda a la herida. No te rindas. Debes permanecer fuerte. Hay un amor para tu que ser un amor para siempre. Te reta, te hacen crecer, te hace cuestionar lo que crees. Sé que es duro, en busca de amor y siempre tratando de que alguien vacío, con ganas de compartir tus alegrías, tristezas, para te abraza, para te da confort, a la te ama. El amor te encontrará. Cuando menos lo sospecha, el amor te encontrará. Tu amor está por venir. Tu amor se va a ser inmediata e instantánea. Será que todo lo abarca. Va a ser un amor para siempre. Y el dolor que sentías en busca de ese amor, el dolor infligido a los demás que tu, va a desaparecer para siempre. Será nada más que un vago recuerdo. Tu serás feliz. Felizmente, sin fin, feliz. Sé que es un amor de tu por ahí, como yo sabemos que hay un amor por mí por ahí. Te mereces ser feliz. El lugar perfecto para tu serás enviado a tu. No te sentirás solo. Tu no sentirás el dolor del rechazo, el dolor de otras personas que no se preocuparon por tus sentimientos. Vas a encontrar el amor. Sé que es un amor de tu por ahí. Sé que con todo mi corazón. No es una pregunta en mi mente. Vas a encontrar tu amor por siempre, el perfecto. Cuando tu los encuentra, reconocer el regalo de tu amor. Estar agradecido de haber encontrado a tu amor. Apreciar cada momento.

Un Año   7 de Octubre, 2011

No puedo creer que haya pasado un año. Hace un año, aproximadamente, empecé a escribir. Me sentí alentado por algunos amigos a escribir lo que pensaba y sentía. Cuando me miro a mí mismo hace un año, no reconocer a la persona que solía ser. Cuando escribí mi primer poema, después de años de no escribir, nunca soñé que iba a escribir otra, y mucho menos crear un blog de mi poesía y compartirlo con el mundo. Nunca pensé que el mundo se abre a mí como yo abrí mi corazón. Nunca pensé que iba a comenzar a soñar de nuevo. Nunca pensé que alguna de mis sueños nunca se harían realidad. Nunca pensé que iba a enseñar a volar.

Quiero agradecer a mis queridos amigos, B, A, A, M, P, C, J, S, S, y mi familia por su apoyo y el aliento incesante durante el año pasado. Gracias por alimentar mi, me da la confianza para seguir adelante, por creer en mí cuando yo no creía en mí mismo.

Gracias, S, mi amigo y socio literario, por enseñarme a volar.

Y a ti, mi querida amiga Sally-Pooh, todo lo que siempre escribo estará dedicado a tu. Descansa en paz, mi querida amiga.

Cuando me senté para empezar a escribir este poema, pensé en cómo empezar siquiera a hablar de las cosas que pueden suceder en un año. Los bebés nacen, queridos amigas mueren. Se hacen amigos, los amigos se pierden. Las relaciones se hacen, las relaciones se desmoronan. Las personas se casan, la gente se divorcia. Pero hay una mejor manera de medir todo lo que puede suceder en un año-en el amor.

Obra Maestra   12 de Octubre, 2011

Como un nueva escritora y poeta, he estado pensando sobre el concepto de una obra maestra. Logro de una persona. El epítome de su trabajo. Algo que todos pueden mirar y de inmediato se puede reconocer como una obra maestra.

Hay un famoso dicho de que "la belleza está en el ojo del espectador." Alguien que puede ser devastadoramente hermosa puede ser una persona vil, mientras que una persona que no es mucho que ver en el exterior puede tener el alma más hermosa que has visto nunca.

Cuando uno piensa en las palabras "obra maestra," una obra de arte viene a la mente. Tal vez la pintura de un artista famoso. Sin embargo, me siento como con cualquier pintura, la escultura alguna, cualquier pieza clásica de la música, cualquier obra de arte, esta frase es verdad-la belleza está en el ojo del espectador. Lo que podría hablar con una persona no puede hablar con otro.

Así que por favor no te vayas en busca de una obra maestra, como yo. Abre tus ojos y tu corazón a la belleza que te rodea. El poema que le ayuda, la canción que le da la tranquilidad de la mente, la película que le brinda comodidad, el poema que representa lo que eres y lo que sientes, la pintura que te habla, la forma en la obra de arte que te hace sentir-eso es la obra maestra.

Pensamientos Sobre el Amor   19 de Octubre, 2011

Hay una famosa cita de Maya Angelou, sobre el amor, que dice:
"El amor es como un virus. Le puede pasar
a cualquiera en cualquier momento."
Espero que esto sea así.

Yo he tenido sentimientos muy fuertes para los hombres, los
sentimientos que pensé que eran amor. De hecho, fueron el
amor: una variación de amor-el amor entre amigos. Pero no un
amor para siempre. No es el tipo de amor que te hace caer en
amor con alguien y quiere casarse y comenzar una vida con
ellos.

Nunca he encontrado el amor, el amor nunca me ha encontrado.
Aunque nunca he experimentado el amor en la definición
anterior, creo que amor existe. Creo que el amor me encontrará,
o voy a encontrar el amor. Tengo que creer eso. Tengo que
mantener esa creencia. Si no lo creer, ¿qué sentido tiene?

Yo sé que el amor existe. Yo lo he visto. Yo lo he sentido.
Tal vez no en todas sus encarnaciones, pero lo he sentido. Como
sé que amor existe, tengo que creer que es por ahí esperando por
mí.

Tal vez, si me deja de mirar por amor, me va a encontrarlo.
Cuando sea el momento adecuado. Tal vez eso es como supone
que es.

Mejores Amigos   20 de Octubre 2011

"La amistad es una vivienda sola alma en dos cuerpos."
-Aristóteles

He estado pensando mucho sobre el concepto de amistad, y más específicamente, el concepto de una "mejor amiga." He escrito un poema anterior acerca de la amistad, en el que escribí todas las cualidades que creo que van en una amistad. Pero el concepto de un mejor amigo es algo totalmente diferente.

Yo creo que todo el mundo puede tener más de un mejor amigo. Tengo un mejor amigo-Unos pocos, A, A, B, R, S, y algunas personas más que me identifican como una inicial. Un amigo es algo que es mejor en calidad, no cantidad.

Un mejor amigo, que es alguien que puede compartir sus más profundos secretos más oscuros con. La persona que tiene un fuerte vínculo de amistad con. La persona que sabe cómo se siente, sin que usted ni siquiera decir una palabra. La persona que conoce el significado de su silencio. La persona que le da un hombro para llorar sin que tenga que pedir uno. La persona que proporciona la más fuerte abrazo. La persona que pone a sus necesidades antes que las propias. La persona que puede ser totalmente honesto con. La persona que escucha cuando se necesita hablar de algo. La persona que te hace reír cuando más lo necesita. La persona que saca lo mejor de ti. La persona que te permite ser tú mismo y te ama tal como eres. La persona que le ayuda a convertirse en la persona que está destinado a ser.

"El mejor amigo es aquel que llega de la mano,
pero te toca el corazón."
-Autor Desconocido

El Poder de las Palabras   26 de Octubre, 2011

Las palabras son algo muy poderoso.
Una vez que se les da el poder, se puede hacer nada.

Las palabras pueden herir. Las palabras pueden curar.
Las palabras pueden dañar. Las palabras puede consolar.
Las palabras pueden enfurecer a una corazón. Las palabras del
puede suavizar un alma. Las palabras pueden indignación
nuestras sensibilidades. Las palabras puede calmar a un espíritu.
Las palabras pueden incitar a un motín. Las palabras pueden
calmar un motín. Las palabras pueden unir a las naciones a la
guerra. Las palabras se pueden unir a las naciones de paz.
Las palabras puede ser dirigida como una flecha. Las palabras
pueden flotar como una nube. Las palabras pueden ser utilizadas
como un arma. Las palabras puede ser utilizado como una
herramienta. Las palabras pueden ser feos. Las palabras pueden
ser hermosas. Las palabras pueden devastar. Las palabras pueden
iluminar. Las palabras pueden cortar un corazón. Las palabras la
mitad puede hacer un todo corazón. Las palabras pueden aplastar
un corazón. Las palabras pueden curar un espíritu. Las palabras
pueden hacer que tu se echó a llorar. Las palabras pueden hacer
que tu se echó a reír. Las palabras puede derribar. Las palabras
pueden levanter. Las palabras pueden desalentar. Las palabras
pueden inspirer. Las palabras puede romper tu corazón. Las
palabras puede llenar tu corazón. Las palabras te pueden hacer
perder un amor. Las palabras puede ayudarte a encontrar un
amor. Las palabras pueden herir. Las palabras pueden curar.

Las palabras son algo muy poderoso.
Una vez que se les da el poder, se puede hacer nada.

A Través de Mis Ojos   3 de Noviembre, 2011

En el último año he empezado a mirar el mundo. Realmente ver
el mundo. Ver el mundo aparte de mí. Es increíble lo que he
visto, cuando he tomado el tiempo para mirar a través de
mis ojos.

Con mi nueva claridad encontrado, tengo una visión como nunca
antes. He visto el impacto de la palabra escrita, con la gente que
nunca he conocido. He visto que a medida que yo he abierto mi
corazón, el mundo se ha abierto para mí. He visto una belleza en
el mundo, y en mí mismo, que nunca he visto antes.

Puedo ver que
    soy una criatura compleja con muchos pensamientos
        y sentimientos
    soy una creación única
    soy el único que alguna vez me será
    tengo mi propia belleza específicos para mí
    tengo una risa que es mi propia
    soy aquí para una propósito
    soy digno de amor
    soy digno de ser amado
    soy suficiente

Todo esto está dentro de ti. Está justo ahí. Abre los ojos.

Es increíble lo que puede encontrar, si se tomas el tiempo
para mirar a través de tus ojos.

Una Vista Maravillosa para Ver   22 de Noviembre, 2011

Esta tarde, una vista preciosa me llamó la atención.

En la biblioteca donde trabajo, hay varios lugares para que los niños sentarse y leer.

En uno de estos lugares, vi a dos niñas, hermanas, sentado y leyendo un libro.

La hermana mayor estaba leyendo el libro de la hermana menor. La hermana más joven se sentó

    y escuchó con atención a la historia,

    la celebración de un animal de peluche,

    un caballo, (por el cuello,

    casi en un abrazo) que parecía

    casi tan grande como la niña misma.

No sé qué libro las chicas estaban leyendo, o donde la aventura en el libro las había tomado.

Para ver las dos chicas sentadas en un asiento juntos,

    perdido en un libro,

    compartiendo la lectura de un libro juntos,

    era un espectáculo maravilloso a ver.

Las Lecciónes del Año 2011   20 de Diciembre, 2011

He estado pensando en el pasado año. Mucho lo que ha sucedido, los bebés han nacido, amigos se han casado, queridos amigos han muerto.

Las amistades se han hecho.

  Las amistades se han perdido.

    Perdí una querida amiga este año.

Aprendí muchas lecciones este año. Estoy agradecido para haber aprendido todos ellos me enseñaron.

Me he enterado de que tengo reservas de fuerza que yo no sabía ni siquiera existía.

Aprendí cuando perdemos a un amigo o querido debido a la muerte, ellos nunca están lejos. Están siempre en nuestros corazones.

Aprendí que, mientras he perdido mi voz, he encontrado otro.

Aprendí a no subestimar a mí como persona y como mujer.

Aprendí a amar a la luna.

Me enteré de que tengo mucho que aprender.

Aprendí que no puedo esperar para el año 2012.

¿Seriamente?   4 de Enero, 2012

Desde el año 2012 ha comenzado, he visto un aluvión de pérdida de peso los anuncios. Cada pérdida de peso compañía, producto, dieta, etc. ha sentido la necesidad de vender sus productos en la televisión. La razón es, según parece, para ayudarnos a todos nosotros, que tiene problemas de sobrepeso, finalmente superar "la batalla de bulge" y bajar de peso. Los anuncios con historias de éxito de la pérdida de peso están inspirando y empoderamiento.

Sin embargo, en días recientes he visto al menos 3 anuncios por la televisión para compañías de reducción de pérdida de peso que tienen mujeres como sus portavoces-mujeres que nunca han tenido un problema de peso en sus vidas.

Mi reacción inicial, y respuesta a estas compañías de pérdida de peso: ¿SERIAMENTE? Genial, industria de pérdida de peso. Hacernos sentir mejor sobre nosotros. Sabotear nuestros esfuerzos antes de que hayamos comenzado.

Este problema no es sólo en las empresas de pérdida de peso. Esto impregna nuestros medios de comunicación, en todo el mundo. Un reciente portada de revista en Europa, con Adele, la cantante británica y tamaño además de hermosa mujer, señaló a la controversia. La revista eligió centrarse en su rostro, no mostrando cuerpo de Adele, como ella es hermosa, curvas y todo.

Tenemos que enfrentar los hechos. Aquellos de nosotros que no hicieron fina no van a ser delgada. Pero podemos ser más delgados, perder peso, para sentirse mejor en nuestra propia piel, tener más energía, estar saludable, ayuda nos sienta mejores acerca de nosotros mismos y de innumerables otras razones. ¿No es eso lo que la pérdida de peso se supone que es sobre?

Para aquellos que optaron por no ver a mujeres para que lo que son y hermosas criaturas que fueron diseñados para tener curvas, tengo noticias para ti...

Existen mujeres gordos.

Tenemos curvas.

Somos bellos.

Somos sexys.

Somos dignos de amor.

Este año voy a intentar bajar de peso. No para un hombre, no para probar cualquier tipo de estadísticas…
...PARA MÍ.

Existo. Tengo curvas. Soy hermosa. Soy sexy.
Independientemente de mi forma o tamaño,
soy digno de amor.

Cambios   5 de Enero, 2012

No me gusta el cambio.
Bueno, déjeme clarificar-no me gustan todos los cambios.

Cambian los tiempos. Cambian temporadas. Cambian
sentimientos. Cambian pensamientos. Cambian las planes.
El mundo cambian. Cambian la gente.

No me importa cambios positivos. Los cambios que están bien
pueden traer cosas maravillosas. Pero no todos los cambios son
maravillosos.

Parece que estamos en una relación simbiótica con el cambio.
Cuando ocurre el cambio, no es una ocurrencia todo a sí
mismo. Siempre es un efecto que sigue a cambio. A engendra B.
Una cosa no puede cambiar sin causar cambio a otro.

Piense en ello. Si estás de mal humor, y tu mejor amigo te dices
a sonreír, vas a sonreír. Si tu y su pareja tienen una pelea, y las
palabras son intercambiadas, las palabras que desees echar atrás,
ambas partes se cambió para siempre.

He oído decir que debemos "abrazar el cambio." Un buen amigo
me dijo una vez que todo cambia, y eso que vamos a disfrutar de
él.

No siento lo mismo. Al menos con todos los cambios. buena
cambios, cambios positivos. Están muy bien conmigo. Se trata
de los cambios negativos. O los cambios que me suceda, no para
mí, los cambios que son ajenas a mi voluntad, son los que tengo
el más difícil con.

Tarjeta Postal de la Luna   22 de Enero, 2012

Hola. Pensé que debo tomar un momento para escribirte.

He llegó la Luna sanos y salvas. Vine aquí con mi gran amigo S. Mientras que aquí he hecho otro amigo, J. Incluso he conocido un mimo y un pierrot mientras aquí en la Luna, creerlo o no.

Mi trabajo aquí ha sido muy detallado y meticuloso en la naturaleza. Ha sido muy tedioso a veces. Dicho esto, también ha sido muy emocionante y desafiante.

Creo que estaré aquí durante poco tiempo más largo - el otro pocos meses al menos. Pero no se preocupe, no estoy solo. Mis amigos S, J, Mimo y Pierrot están conmigo.

Deberías ver la Tierra de aquí-es tan hermoso. Mira tan la calma, tan pacífica. Nuestra hogar es tan hermosa.

También deberías ver lo que está aquí, además de las huellas en la superficie. Nunca sabes lo que encontrarás, en la Luna.

Yo debería hacer esta carta tener un final. Tengo que ir-tengo una cita con el Sabio.

Voy a regresar a casa pronto.

Cuando me extrañas, mira a la luna y pensar en mi.

Soy nunca lejos.

Una Noche Mágica   26 de Enero, 2012

Recuerdo que yo estaba muy emocionado cuando me enteré de
que iba a venir a mi ciudad. Marcel Marceau, aquí, en persona.
Estaba tan emocionada de saber que él venía. Él le había dado un
rendimiento en otra ciudad en mi estado varios años antes. Pero
ahora, por fin él venía a mi ciudad. Por último, tuve el santo grial
en mis manos, un billete a su espectáculo.

Recuerdo cuando llegó la noche que estaba extático. El teatro
estaba vivo con energía que la audiencia se sentaba allí,
esperando la magia empezar. Pronto convertiría en claro que esto
no ordinaria de la noche en el teatro. Una noche de fantasía,
magia y encanto nos espera. Las luces finalmente apagaron.
Había esperado este momento toda mi vida. Abrió la cortina y
las luces encendieron. El maestro mismo llegó al escenario.

Allí, en el escenario, fue Marcel Marceau, el mejor mimo del
mundo. La audiencia se levantó y aplaudió y aplaudió. El sonido
era ensordecedor. Nos levantamos y aplaudido para minutos. Los
aplausos por último murió hacia abajo. El show comenzó.
Recuerdo estar sentado allí extasiada. Monsieur Marceau había
todo el teatro de la palma de su mano. A lo largo de la noche
había las carcajadas de histeria y llorando de emoción.

Lamentablemente, a medida que han pasado los años, he perdido
algunos detalles en mi memoria acerca de esa noche. Sin
embargo, hay momentos de esa noche que nunca olvidaré. Me
acuerdo de sentarme allí cautivado, transportado a otro lugar a
tiempo, en la atención absorta, completamente encantada.

Nunca tuve la suerte de conocer a Monsieur Marceau, y que sólo
lo veo en el escenario una vez. No soy una mima y nunca han
estudiado. Pero que por la noche hizo una impresión en mí
durará toda la vida. En un tiempo antes de teléfonos celulares,

computadoras y internet, Monsieur Marceau fue conocida en todo el mundo. Fue y sigue siendo una figura icónica en todo el mundo. Después de su muerte en 2007, el mundo lloró su muerte, igual que yo. Soy uno de preciosos pocos de muchos miles de personas alrededor del mundo que tienen el privilegio de decir que lo vieron actuar en directo. Marcel Marceau será recordado por siempre por mostrarnos nosotros mismos, el mundo alrededor de nosotros, nuestra humanidad y inhumanidad.

Estoy en Casa   15 de Febrero, 2012

He hecho mi viaje y estoy en casa de la luna. He aprendido muchas cosas mientras fui ido. He aprendido que la gente tiene muchos lados, como aquellos de la luna. Alguien puede decirle que ellos son una cosa, cuando ellos son realmente el opuesto.

He aprendido que tengo que protegerme y proteger lo que sostengo querido. Aprendí que mis mejores amigos siempre estarán en mi lado, pase lo que pase. He aprendido que tengo amigos que se preocupan por mí y me aman. Aprendí que mis amigos sólo quieren el mejor para mí.

Voy a hacer un viaje de regreso a la Luna dentro de muy poco. Si bien voy que aprender muchas cosas nuevas, estoy seguro. Cada viaje es una nueva aventura, una nueva oportunidad de aprender cosas nuevas, sobre mí, mis amigos, el mundo, la luna. En cada viaje, nunca estoy sola. Mis queridos amigos están conmigo. El viaje verdadero es suyo, no mío. Pero tengo que decir que la aventura es tan satisfactoria. Estoy agradecido a han pedido a lo largo del paseo. Ahora que he estado en la Luna, tengo una nueva pasión, una afinidad nueva para él. Siempre tendrá un lugar especial en mi corazón. Y voy a volver nuevamente a la Luna. Pero ahora…estoy en casa.

Hitos   22 de Febrero, 2012

Hace poco tuve un hito en el aniversario de la fecha de mi adopción. Estoy a punto de tener otro hito-un hito cumpleaños.

Quiero tomar un momento para agradecer a todos los que me ha ayudado en el camino. Usted me has ayudó a convertirse en la persona que soy hoy.

Quiero darle las gracias al universo por darme el derecho familiar. Siento que estoy donde necesito ser.

Quiero dar las gracias a Mis amigos, mis mejores amigos:
A, L, A, B, R, M, G, P, S, X, y Sally.
Tu amistad significa más para mí que puedes saber.

Gracias también a los amigos que no están actualmente en mi vida. Aprendí algo de todos y cada uno de ustedes.

Como viajo el camino por recorrer ya sé que hay muchos otros hitos. No puedo esperar a cumplir con todos ellos.

"Dirección es más importante que la velocidad. Estamos tan ocupados mirando nuestro velocímetro que olvidamos el hito."
-Anónimo

Bloque del Escritor   1 de Marzo, 2012

No puedo hacer esto. Yo me sentaba aquí, escribiendo un poema, queriendo expresar lo que siento, lo que quiero, lo que está en mi corazón. Pero no puedo. Soy bloqueado. Las palabras parecen a luciérnagas que vuelan encima de mi cabeza. Ellos son evasivos y no me dejarán agarrarlos, o hasta admirar su belleza.

Es tan frustrante querer decir algo, pero no tienes los medios para decirlo. Sabes que desea decir algo, que tienes que decir algo, pero simplemente no sale. Las palabras no vienen a tu, por cualquier motivo.

Pero cuando ellos no hacen, cuando usted puede reunir hasta una oración para expresarse, cuando las palabras son evasivas y no pueden ser encontradas, cuando la inspiración no vendrá, cuando la frustración y la duda entran en el cuadro, puede ser un sentimiento horrible.

Vi una cita una vez:

> *"Aun si es la mierda, consígalo en la página."*

Más fácil dijo que hecho.

Mentiras   8 de Marzo, 2012

Anoche un nuevo conocido mío mintió a mí. A mi cara. Le pedí
una pregunta, él mintió a mi cara. Esta persona ya no es mi
conocido. Esta persona ya no conocerse muy bien, y sólo
sabíamos mutuamente durante unos meses. Pero su mentira
intencionalmente para mí es algo que no puedo tolerar.

Mentiras vienen en diferentes formas y colores incluso. Donde
yo vivo tenemos "pequeños mentiras blanco," poco mentiras que
son vistos como intrascendente y no hacen daño. Por ejemplo:
"No ves gordo en ese vestido, ves Hermosa," "No, no gustaría
inscribirse para una de las tarjetas de crédito de tu tienda para
ahorrar un 5%-ya tenerlo," "No, me gustó la película. Un actor
fue brillante." "Vamos a hacer esto nuevamente en algún
momento." Nuevamente, estas "pequeños mentiras blanco" son
de sobra los sentimientos de una persona y no pretende hacer
daño.

Pero luego hay mentiras que tienen un efecto sobre la vida de
otras personas. Cosas que la gente debería decir a uno por el
otro, gente de cosas debe saber, cosas que lastimará
profundamente una vez se dijo la verdad, cosas que podrían
cambiar la vida de una persona. Esas son las mentiras que
lastiman más y deben ser contadas. Perjudicará a la otra persona
sin lugar a dudas. Pero la persona sería mucho más bien conocer
la verdad:

"Soy gay," "Estoy enamorado de alguien," "No te amo la forma
en que me amas," "estoy prometido para casarse y voy a tener un
bebé." Esos son ejemplos de cosas que necesitan ser dicho. Estas
mentiras no tienen un nombre. Quizás debería ser llamados
"grandes mentiras negros."

Un amigo me dijo que "todos mienten." No voy a negarlo-he mentido. Mi radica en la "mentira blanca" categoría. Yo nunca he mentido acerca de cualquier cosa que pudiera cambiar la vida de una persona. Pero me he dejado en el extremo receptor de mentiras de la otra categoría. Si yo hubiera sido mejor amigos con esta persona, hubiera sido más emocionalmente invertido, hubiera ido a ellos de nuevo y preguntarles por qué me mintió. Pero, dado que esta persona y yo no estábamos muy cerca, decidí dejar el conocido fuera de mi vida. No necesito la deshonestidad.

Cuando una persona se encuentra a otra persona, en la categoría de "grandes mentiras negros," que básicamente están diciendo, "no me importa acerca de ti suficiente para decirte la verdad." Si tienes algo que decir a alguien, algo que ha tumbado, admitirlo. Perjudicará a la verdad, pero la persona sabrá que finalmente están siendo honesto. Más información sobre la confianza y el perdón, a ambos lados. Preocupar suficiente acerca de la otra persona para finalmente decirles la verdad.

Querida Luna   11 de Marzo, 2012

Luna, mi luna, querida amiga,
gracias por venir a mi ventana anoche.
Me acosté y rápidamente noté esto
   había una abundancia de luz en la habitación....
     .... tu luz.

Miré por la ventana, y allí estabas,
   justo frente a mi ventana,
     brillando justo para mí.

Me trajiste tanta comodidad anoche, Luna.
Sólo conocerte estuvo allí lleno mí con la esperanza.
Le miré y sentí tanto calor en mi alma.
Yo sabía esto, pase lo que pase,
   todo va a ser bien.

Gracias por venir a mí anoche, Luna.
El estar ahí era exactamente lo que necesitaba.
Muchas gracias, querida amiga.
Nos vemos esta noche.

Deje que la Magia Comienza   15 de Marzo, 2012

He estado pensando el concepto de cambio. Como he dicho antes, no soy un fan de cambio. Cambio puede dejarme sentir incómoda, insegura sobre las cosas. La idea de que tengo que cambiar, a fin de obtener las cosas que quiero hacer mis sueños realidad, no deja un sabor agradable en mi boca.

Pero entonces oí dos palabras que cambiaron mi punto de vista de la palabra cambio, o los cambios que debo seguir. La primera palabra es "evolucionar." La palabra tiene una connotación positiva, es sin estigmas o condicionamiento Pavloviano los reflejos. Al pensar en las palabras, prefiero evolucionar como persona de cambiar.

La otra palabra es "renacimiento." Esta es una palabra llena de esperanza, de cambio, también con connotaciones positivas, y demuestra la profundidad y complejidad.

La tercera palabra que encontré fue "transformar." También evoca imágenes positivas y es una palabra más preferible que el cambio.

He comparado mi progresión como persona y escritor en los dos últimos años como "metamorfosis." Me gusta mucho la palabra así. Evolucionar-Renacimiento-Transformar-Metamorfosis.

Son palabras que reflejan las diferencias en mí que deben ocurrir si mis sueños se hacen realidad. Con estas palabras en mente, abrazan las diferencias por venir, no los cambios. La evolución. El Renacimiento. La transformación. La metamorfosis. Un proceso maravilloso, mágico.

Deje que la magia comienza.

Soñar Despierto   16 de Marzo, 2012

Sueños son algo que suele venir a nosotros como estamos durmiendo durante la noche. Sin embargo, tengo que decirle, mi más gratificante experiencia con sueños han sido mientras que he sido bien despiertos. Prefiero soñar despierto, porque me pongo a elegir lo que yo sueño. Si no me gusta cómo el sueño se va, puedo cambiarlo.

Últimamente he estado soñando con una nueva vida. Dejar mi trabajo, quizá viviendo en una ciudad nueva, tal vez en un nuevo país, ganarse la vida como escritor, ser creativo y ser pagado por ello. Cada vez que me daydream el tema cambios. La riqueza de posibilidades, como son las cosas para soñar son infinitas.

No sé si mis sueños se hará realidad o no. Te digo, estoy teniendo tan divertido soñar con cosas, lo que pueden ser. Debería ver lo que veo. Mi vida va a ser tan hermosa.

Muchos han oído la cita de Shakespeare:

"dormir acaso a sonar."

He cambiado la oferta lo que se refiere a mí:

"para despertar acaso a sonar."

Mi Caballero Añil   19 de Marzo, 2012

He estado pensando en las cualidades me gustaría tener en el
hombre de mis sueños, en caso de que algún día. No estoy
buscando Príncipe Azul, un caballero blanco, un caballero
andante. Estoy ahorrando mi amor para un caballero añil. Aquí
están algunas de las cualidades que va a poseer.

Él debe:
ser apasionado por su trabajo
ser no materialista
ser empleado
ser graciosa
ser talentoso
preocúpese y compasivo
sea más fascinado en mí que él está en su mismo
tráteme como una reina
el cuidado de lo que pienso y siento
esté soportante de las cosas que quiero
esté abierto y honesto
amor gatos
amor cuando canto
pasar la prueba de mi familia y amigos
ser mi #1 fan
ser mi mejor amigo
ser índigo
reconocer la belleza de una sonrisa
ver la belleza en mí
ame lo que él ve cuando él me mira
me encanta

Un Año Más Tarde   28 de Marzo, 2012

El año pasado, había sido escribir poemas y compartir con
algunos de mis amigos. Amaba mi poesía y me animó a escribir
más. Entonces tuve la idea, "por qué no crear un blog? Mi amigo
tiene un blog; quizás pude tengo uno demasiado". Entonces fui a
ese amigo y le preguntó qué pensaba. Le encantaba la idea. Dijo
que merecía mi propio blog. Tenía razón.

Comencé este blog hace hoy un año. Al principio, tenía sólo el
blog como un blog privado; Estaba todavía inseguro acerca de
mi escritura, entonces sólo tenía el blog disponible para mis
amigos más cercanos. Pero como construido el sitio de blog que
comenzó a construir mi personaje de Esperanza Habla. (No, eso
no es mi nombre de Dios.) Pero en la creación de este personaje
y en poesía para este blog, ha abierto el mundo para mí.

Comencé este blog con el poema "Gracias." Repito aquellas
gracias hoy. Estas amistades iniciaron mi viaje a la luna y atrás,
que cambió mi vida para siempre.

Hasta la fecha no ha habido más de 3.500 visitas a este blog,
desde los Estados Unidos, Perú, Alemania, Rusia, España,
Luxemburgo, Colombia, México, Ucrania, Reino Unido,
Canadá, Portugal, Chile, Venezuela, Puerto Rico, Italia, la
República Dominicana, Costa Rica, Francia, y más. Cuando
empecé a escribir poesía, acabo de hacer, para expresar lo que yo
estaba pensando y sintiendo. Nunca soñé que me gustaría tener
una audiencia en todo el mundo, al leer mis palabras,
pensamientos, sentimientos, leyendome-y volviendo a leer lo que
tengo que decir. No puedo agradecerle lo suficiente para leer lo
que escribo y volviendo a leer más. Gracias por escuchar, para la
lectura, por preocuparse de lo que tengo que decir.

Como he progresado como poeta también he empezado un negocio traducir escrito obras de autores del Español al Inglés. Yo he traducido tres libros hasta la fecha. Incluso he trasladado esta habilidad en traducir películas.

También he empezado a escribir mi primera novela, llamada a "Samantha."

Quiero tomar un momento para agradecer personalmente a mi familia y amigos por su apoyo a este esfuerzo literario. Su apoyo significa más para mí que nunca se puede saber.

Gracias a mi querido amigo S, para tu apoyo y sociedad creativa, y para enseñarme como volar. Tienes razón-este es nuestro año.

Gracias a mi querida amiga Sally, a quien está dedicado este blog. Te amo y te extraño. Descanse en paz, querida amiga.

Y a ustedes, mis lectores. No puedo agradecer a lo suficiente para leer mi poesía y volviendo a leer más. Para escuchar, para leer, para preocuparse por lo que tengo que decir gracias.

El mundo es verdaderamente un lugar asombroso. Ahora que he encontrado mi camino, mi vida nunca será la misma.

Querida Sally   30 de Marzo, 2012

Querida Sally, Hemos perdido hace un año. Hoy hace un año.
No puedo creer que te has ido. Recuerdo que la noche, la noche
murió, hablé con usted. Gracias por tener a Dios enviarme la
sensación de calidez y confort. Necesitaba tan mal. He no hablé
con usted mucho desde entonces. No es porque no quise-No
quiero tenerte de vuelta-Quiero tu espíritu libre, volar donde
quieras, donde te lleva tu espíritu. Steven está bien-pero sabes
eso ya.Recuerdo que él fue a la luna para visitarte. Gracias por
ser un anfitrión tan agradable. Él realmente tenía que escaparse
de todo esto un rato. Gracias por estar allí para él. El libro va
bien-esperamos poder publicarlo este año. ¿Has leiste ya? Si no,
vas a amarlo. Muchas gracias por ayudarle a escribirlo. Es una
historia de esa dulzura, ternura, calidez, amor, las cosas
importantes en la vida. Parecería que hoyno sería el día adecuado
para celebrar tu vida, el día que tunos dejaste.

Pero hoy te celebro. Celebro tu viday la amistad que
compartimos. Celebro los almuerzos que pasamos juntos,
las risas que compartimos, tu compasión, las vidas que tocaste.
Extraño escribiendote cada semana, enviandote tarjetas,
dejandote saber lo que estaba pasando en mi vida, con mi poesía,
con mis nuevos amigos. Ya te has ido, creo que no estoy
enviando muchas tarjetas ya. Todavía recuerdo que el último te
envié….

**"Sally, en caso de que nunca te dije, soy una persona
diferente para haber conocido. Gracias por nuestros muchos
años de risas, divertido y amistad.
Te quiero, mi para siempre Sally-Pooh."**

Gracias por venir para una visita, Así que pude hablar contigo de
nuevo. Usted será siempre mi luz brillante. Te amo y te extraño,
mi para siempre Sally-Pooh.

El Cumpleaños de Hito   17 de Abril, 2012

La semana pasada tuve un cumpleaños de hito. Cuando el día se acercó en los últimos meses, he tenido visiones de pasar mi cumpleaños en Las Vegas, o Lima, Perú, París o algún otro lugar lejano exótico. Mis planes de viaje no pretenden ser. Yo estaba destinado a ser justo donde estoy. No era lo que yo pensaba que iba a ser; en muchos sentidos, era mejor. He recibido los regalos de un nuevo equipo de cocina, unas tarjetas, una noche en el cine, mi primera entrevista, un poema escrito sólo para mí, muchos deseos bien en Facebook, un libro acerca de un hombre En la Luna y muchas bendiciones de la familia y amigos.

La mejor parte acerca de este cumpleaños estaba pasando con mis padres; mi madre tuvo un cumpleaños de hito así. Mis padres y me tomó un día para escapar de nuestras ciudades y viajar a una aldea cercana, menos de una hora en coche lejos. Tuvo un gran almuerzo y nos fuimos luego a una sorprendente Museo y Galería de arte. El artista había piezas a la venta, y he comprado dos de ellos como un regalo de cumpleaños para mí. Después de nuestras compras, fuimos a un café cercano. Cada uno de nosotros ordenó a uno de los postres. Los postres llegaron, pero no nuestras copas todavía. Por lo tanto, hemos tostado mutuamente con nuestros tenedores. Celebró, había tostado cumpleaños de mi madre, a continuación, minas y clinked, a continuación, horquillas. Los postres y el día en la aldea estaban deliciosos.

Después regresamos a mi casa, por lo que podía dar a mi madre, el don de un reproductor de mp3. Ella no me lo esperaba, y nos encantó. Escribirã planificación se le otorgue el reproductor de música desde hace meses, pero no estaba seguro de su reacción al recibir un pedazo de la tecnología como regalo de cumpleaños. Para mi satisfacción, que ama el lector de mp3. Yo había pre-cargado el jugador con música que pensé que le gustaría. Creo porta utilizado casi cada día desde que yo se lo entregué. Yo también le dio los cordones y cables y gadgets para ayudar a realizar el reproductor de mp3 más fácil de usar. Sé que va a ser un regalo que le encanta y utilizar en los años venideros. Y que hace que mi corazón feliz. Mi madre fue abrumado con sus dones. Luego me dijo:

"Aun, te toparás sólo tienen este hito cumpleaños una vez, igual que yo."

Doy las gracias a todos por todos sus regalos, tarjetas, mensajes de amor y buenos deseos en mi día especial. Realmente fue un cumpleaños de hito.

La Vida   27 de Abril, 2012

He oído de decir que la vida es muchas cosas, un viaje, una carretera, un sueño, un regalo, un banquete, un rompecabezas, una apuesta, una historia, una película, una canción, un cabaret, una aventura, un cereal, un juego de mesa.

He estado pensando acerca de mi vida, las cosas son ahora, lo han sido, de la manera quieren que sean.

Mi vida como es ahora es no como lo quiero. Dicho esto, que hay mucho espacio para el crecimiento, potencial y tiempo para lograr las cosas que quiero de la vida.

Para mí, la vida no es ninguna de estas cosas. Como la mejor de todas las cosas, la vida, para mí, es un verbo.

Qué Quiero de la Vida   1 de Mayo

¿Qué quiero de la vida? Quiero ser un escritor exitoso. Quiero para mi escritura ser un esfuerzo lucrativo. Quiero tener una vida en las artes. Quiero seguir mi colaboración creativa. Quiero ayudar a otros traduciendo sus escritos. Quiero vivir la vida que quiero, la vida que merezco.

También quiero cosas simples. Quiero compartir mi vida con alguien. Quiero encontrar el amor. Quiero amar. Quiero ser amado. Quiero casarme. Quiero saber que estoy casado con mi mejor amigo. Quiero ser felizmente, completamente, asquerosamente feliz.

No una lista larga, pero uno sincero.

Mayor Que, Menos Que y Igual   6 de Mayo, 2012

Para quien ha tenido que sufrir a través de las clases de matemáticas, hay conceptos conocidos como 'mayor que,','menos' y 'igual.' Nunca estuve nada bueno en matemáticas, como cualquiera de los miembros de mis familia puede decirle. Pero, en mi comprensión escasa, como por ejemplo, 3 es mayor que 2, 3 menos que 5 y 3 es igual a 3. Creo que tengo los fundamentos de la misma.

Sin embargo, uno de estos conceptos se filtró fuera de los libros de matemáticas y en nuestras vidas - 'menos que.' Este concepto ha calado en nuestras vidas. Si una mujer tiene que perder un pecho al cáncer, ella puede pensar a sí misma como 'menos de una mujer'. Si un hombre está considerando una vasectomía, él mismo podría pensar 'menos que un hombre.'

Pero este concepto no es que sólo una cada fenómeno-es una sociedad así. Si un hombre decide vivir su vida solos, es visto como un 'soltero'. Si una mujer decide vivir solo, o decide no tener hijos o tiene en la actualidad no hay amor en su vida, ella es vista con lástima. Algo está mal con ella. Como ella es menos que una mujer. Estas opiniones son ridículas. ¿Por qué la elección de un hombre a permanecer solo visto como 'mayor que' una mujer que elige lo mismo? ¿Por qué una mujer verse como 'menos que' en las mismas circunstancias? Esta no es una tendencia que se ve sólo en mi país, es un fenómeno global. Si elijo a vivir sola, es mi elección. Si nunca encuentro de amor, que así sea. Yo nunca tendrá hijos y no quieren. Pero esas son mis opciones y las decisiones que voy a hacer. No significa que soy menos de una mujer. No significa que mis opciones son mayores que el tuyo. Las opciones que ha hecho en su vida, hasta este punto, han llevado al lugar que son en la vida. No importa si estás en una relación comprometida, casada, solo, en una asociación doméstico, compartir su vida con alguien sin estar casada, eligiendo a vivir solo, un padre a un niño o un padre a un animal doméstico. Tenemos todas las opciones hechas en nuestras vidas y tenemos que vivir con nuestras elecciones. Pero las elecciones que hacemos no deben compararse a las de los demás y no deben ser juzgadas por la sociedad. Nuestras opciones, nuestras vidas no son 'mayor que' o 'menos que.' Son iguales.

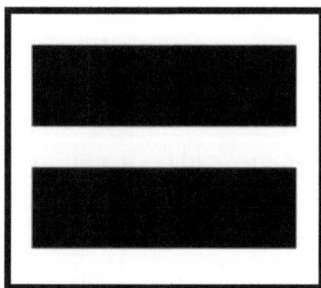

"Igual" por Esperanza Habla

Ido Demasiado Pronto   21 de Mayo, 2012

He notado recientemente tal vez tienes así, que el mundo ha perdido muchas personas famosa este año, incluyendo Whitney Houston, Dick Clark, Donna Summer, Etta James, Maurice Sendak, Davy Jones y Robin Gibb. Que se unen a las filas de los que han ido demasiado pronto- James Dean, Marilyn Monroe, Karen Carpenter, Buddy Holly, Natalie Wood, y otros inumerables. Es un fenómeno interesante para mí cuando una celebridad muere. La reacción a la audiencia de su muerte puede oscilar entre un "Quien?" o "Pensé que estaba muerto ya", o, "¿qué?!?!?" o un "awwwww." La noticia no puede tener poco o ningún efecto sobre nosotros, o puede nos entristecen profundamente y nos afectan durante días.

Me parece que, más molesto que estamos sobre la muerte de una celebridad, más nos fuimos afectados por esa persona. Hemos valorado lo que hicieron, su arte y su contribución al mundo. También significa que esa persona tenía un efecto sobre nuestras vidas. Un verdadero efecto. Cuando conoces todas las palabras de sus canciones, o puede recitar las líneas dijeron en una película, puede imagen los dibujos en sus libros, las imágenes en sus videos musicales, esto es un verdadero efecto.

Cuando muere una persona famosa, se puede sentir como un amigo o ser querido ha muerto, aunque nunca conocimos les. Celebrar a estos artistas. Cantar sus canciones. Ver sus películas. Leer sus libros. El tiempo es su eterno amigo. A través de sus medios elegidos, vivirán para siempre.

Os dejo con una canción de que los Bee Gees escribió acerca de la pérdida de su hermano Andy. Ellos lo escribieron para él- ahora el canción es para Andy Gibb, Maurice Gibb, Robin Gibb y todos aquellos que han ido demasiado pronto.

Poeta de la Luna   25 de Mayo, 2012

Un concepto intrigante, ser un poeta de la Luna. Parece que me.
Parece que el poeta de la Luna. He sido llamado "Dame de la
Luna." "Princesa de la Luna." "Poeta de la Luna." "Luna Mujer."
Soy de la Luna. Es difícil describir la influencia de que la Luna
ha tenido en mi vida. Ha magnificado amistades. Me ha ayudado
a aprender a volar. Ha llegado a mi ayuda en tiempos de luchas.
Me ha acogido con los brazos abiertos. Ha me acogió y me trajo
comodidad. Me ha transportado a su superficie y más allá, en
formas nunca podría haber imaginado. Soy de la Luna. Me
puedes llamar lo que quieras. Poeta de la Luna está bien
conmigo.

Espejos   25 de Mayo, 2012

Espejos de cosas graciosas. A primera vista, muestran una
reflexión. ¿Pero es que realmente todo lo que vemos? En la
literatura y folclore, espejos han transportado a Alicia en el país
de las maravillas, nos muestra nuestros deseos más íntimos,
incluso ocultos detrás de ellos los malos espíritus. No estoy
interesado en los espejos de sí mismos, sino en sus reflexiones.
Para mí, cuando miro en un espejo, es sólo un reflejo. Es un
reflejo de mi cuerpo, mi cara. No es mi alma. Que es sólo mi
cuerpo-no de mí. No veo en el espejo. Mi alma, mi espíritu, no
puede ser visto. Yo soy más de lo que veo en el espejo. Creo que
la reflexión que vemos de nosotros mismos en el espejo es el
reflejo que creemos que podemos ver.

"Estudio me como tanto como te gustas, nunca me conocerá,
para difiero cien maneras de lo que se me ve de ser.
Ponte detrás de mis ojos y verme como me veo yo, porque he
decidido habitar en un lugar que no puedes ver."— Rumi

68

El Guardián de la Llave   12 de Junio, 2012

Me no parece, en los asuntos del corazón, como se dice, el curso del verdadero amor nunca ejecutar suave. También he oído que es una tapa para cada bote, una persona por cada persona en el planeta. Alguien especial destinado sólo para que nos a amar.

He visto a tipos de fiestas para personas solteras donde las llaves y los bloqueos son mujeres intercambiaron reciban bloqueos en un collar, hombres igualmente reciban llaves. El punto es mezclarse todo el partido, hablar con diferentes personas y averiguar qué Caballero tiene la clave para ajustar su bloqueo. Es una idea inteligente para tal evento y una cuidada ice breaker, a conocer la gente.

Pero en la vida, en realidad, no creo funciona de esa manera. Para mí o para cualquiera de nosotros. Hay un muro alrededor de mi corazón. Más allá de hay un bloqueo y no hay una llave. Pero no hombre tiene la llave de mi corazón. Tengo la llave.

Soy el guardián del muro alrededor de mi corazón. Guardo la guardia sobre el bloqueo. Y cuando encontrar a él, mi caballero añil, el hombre que estoy destinada a pasar el resto de mi vida con, decidirá cuando y si darle la llave.

Ningún hombre puede venir con una llave mirando a ver si se ajusta el bloqueo en mi corazón. Decidiré a quién darle la llave a y cuando. Lo haré cuando estoy listo. Eso es cómo tiene que ser, porque soy el guardián de la llave.

Cuando Mi Gata Aullidos   14 de Junio, 2012

Odio cuando mi gata aullidos. Es inquietante. Enervante. Ella
está empezando a hacerlo diariamente, varias veces. Cada vez
que ella lo hace su aullar viene de la nada. Los sonidos que salen
de ella son intempestiva, sobrenatural. Suena igual que ella es un
dolor terrible, o si su piel en llamas. Esa intensa, gutural aullando
de este felino. Ella lo hace todas las horas del día. Y la noche. A
5 de la mañana es particularmente aterrador. Yo he pedido a mi
hermana sobre ella (mi hermana sabe más sobre gatos que hago.)
Dijo que el aullar es un signo de senilidad. El gato agarrar con un
bombardeo de imágenes y sonidos que no entienden. Así, para
consolar a sí mismos, ellos sólo sentarse y aullan. Eso tiene
mucho sentido. Mi gato es de diecisiete años de edad, ha perdido
la mayoría de su audiencia y probablemente va senil. Tiene
sentido. Pero lo odio. Yo estaba en mi oficina trabajando el otro
día cuando escuché el sonido más ruidoso, intempestiva salen de
ella. Era un aullido que nunca había oído hablar antes. Me
encontré en la otra habitación para comprobar sobre ella.
Allí estaba, mirándome, como si al decir, "Qué????"
Odio cuando mi gato aullidos.

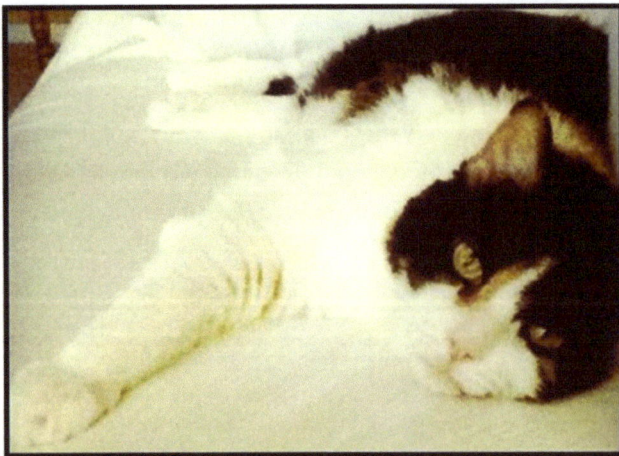

"La Gata Calypso" por Esperanza Habla

70

La Muerte de Una Amistad　　20 de Junio, 2012

La muerte de una amistad puede ser una cosa terrible.

A veces una amistad se desvanece con el tiempo.

A veces una amistad se desvanece debido a un movimiento en el lugar.

A veces una amistad muere porque los amigos crecen separados y alguien quiere.

Cualquier que sea la razón, la muerte de una amistad puede ser algo doloroso.

Recientemente he experimentado la muerte de una amistad.

Hablé con una amiga sobre ello, para obtener algún abogado. Sus palabras me fueron: **"Apesta, chupa y no estás solo."**

Es bueno saber que esta persona entienda lo que estoy pasando.

Sé que no estoy solo.

Aprendí muchas lecciones de vida de la amistad que murió.

Incluso aprendí un nuevo idioma.

Estoy agradecido por todo lo que he aprendido.

Quiero agradecer a mi familia y mis queridos amigos por su apoyo interminable.

Sobre el Autor

Esperanza Habla es el seudónimo para la Poeta Añil de la Luna. Ella comenzó su carrera literaria en el año 2010 con el lanzamiento de su primer blog, **"Palabras de Esperanza,"** con poesía en Inglés y Español. En el año 2012 Esperanza creó un blog nuevo, **"Letras a la Luna."** Los dos blogs tienen una audiencia creciente de lectores en más de setenta países alrededor del mundo. En 2013 Esperanza estableció su propia compañía editorial, **Prensa de la Luna, L.L.C.**

Esperanza tiene una licenciatura de la Universidad de Marian en Historia de la Música y la Literatura. Con un fondo musical, le encanta ver películas, obras de teatro, obras musicales y lectura de poesía. Su trabajo como poeta y artista le ha ganado un lugar en una comunidad colectiva en todo el mundo de artistas creativos. Le encanta apoyar a otros artistas como ella misma ha ayudado. Su obra escrita ha obtenido Mención Honorífica en concursos literarios y ha aparecido en el Poesía Diaramente.

Esperanza vive en los Estados Unidos y comparte su vida con su querida familia y dos gatitas. Puedes encontrarle en su sitio web:

www.esperanzahabla.com

Este es su primer libro publicado en Español.

I am Hope

**The first poetic
collection by
Esperanza Habla**

www.lalunapress.com

www.ingramcontent.com/pod-product-compliance
Lightning Source LLC
Chambersburg PA
CBHW041531090426
42738CB00036B/117